MW01286699

Inteligencia emocional
desde una óptica espiritual

FRANKLIN PACHECO
MINISTRIES

Inteligencia emocional

desde una óptica espiritual

Título: Inteligencia emocional

Autor: Franklin Pacheco
franklinpach@hotmail.com

Primera edición: Santo Domingo, R.D., 2022

Diseño y diagramación: Editora Olam

Impreso por: Graphic Colonial
graphic_colonial@yahoo.com
1+ 809-839-5222 ☺

ISBN: **978-9945-9318-7-7**

Portada: @PabloLlanosART

Impreso en República Dominicana
Printed in Dominican Republic
© 2022 por Franklin Pacheco /Autor

PREFACIO

A veces me pregunto: ¿Qué dirá el omnipotente? Cuando en mi ausencia de control, dominado por la ira y perdido en los celos, lloraría de tristeza o caería por el miedo.

Creí que la espiritualidad y la perfección vivirían juntas; pero descubrí que ser espiritual no es ser perfecto, que ser perfecto no es dejar de ser humano, y que ser humano es tener defectos.

No obstante, estar en el camino indica saber vivir con Caín o con los hermanos de José, hablar con el profeta viejo, escuchar a Balaam, negociar con Acab, comer a la mesa con Judas, tener a Herodes de vecino y a Pilato de amigo, a Pedro como asistente y a Tomás como confidente.

En fin, descubrir que si soy, debo vivir y si vivo debo saber ¿Cómo vivo sin ser un número más? ¿Un fracaso más, un divorcio más, un suicidio más, un preso más?

¿Cómo vivo? Siendo proactivo y no reactivo, siendo más y no menos, siendo paz y no guerra. Descubrí que ser inteligente no es saber morir, sino, más bien, saber vivir.

INDICE DE CONTENIDO

• **Capítulo 1.**
Inteligencia emocional...**01**

• **Capítulo 2.**
Emociones, pensamientos, sentimientos y conductas.....**20**

• **Capítulo 3.**
Enfrentando la depresión..**35**

Capítulo 4.
Sabiduría vs. ímpetu...**55**

Capítulo 5.
Inteligencia y los tres tipos de caída...............................**69**
   - Pecados sexuales...............................**73**
   - Pecados de ira....................................**84**
   - Pecados financieros..........................**85**

Introducción

Ser inteligente es más que utilizar el intelecto; ser inteligente es saber controlar las emociones, está demostrado que el éxito se relaciona mas con la inteligencia emocional que con las capacidades intelectuales.

Esta es la razón por la que me he propuesto, con este material, enseñarte de la manera más simple y práctica a dominar tus emociones, aunque sean torrenciales y abruptas, si te lo propones entenderás que las emociones forman parte de ti, pero no son tú; por lo tanto, no son ellas las que controlan, sino tú. Eres un cóctel de "voluntad, intelecto y sentimientos", pero al final quien debe decidir eres tú.

Mi meta en este libro es que aprendas más que a emocionarte a controlarte. Esto es don de Dios para todos y se llama "dominio propio". Imagínate que un conductor va en su vehículo a 120 kilómetros por hora y de repente encuentra que al final del camino hay un precipicio, el peligro lo paraliza y simplemente no se puede mover, mientras el vehículo corre a toda velocidad. Y de repente se pregunta: ¿Cómo detengo este vehículo? Está muy turbado y nervioso. Se prepara para el desastre, el cual parece inminente. Lo demás es historia. ¿Qué pasó? Al conductor se le olvidó que su vehículo fue diseñado para "FRENAR" en caso de emergencia; el miedo y la ausencia de control fueron el mayor estorbo contra su vida.

Lo mismo sucede con nuestras emociones. En algún momento nos encontraremos con situaciones en la vida, donde iremos tan rápido que si chocamos con alguien sería trágico. En ese momento debemos entender que el Diseñador de nuestro vehículo puso en él las herramientas necesarias para detenerse en caso de "emergencia". Este sistema se enlaza con dominio propio, que se revela cuando controlamos nuestras emociones. Si aprendemos a usar el freno, evitaremos dañar vidas, romper relaciones innecesariamente y lacerarnos a nosotros mismos.

Capítulo 1

Inteligencia emocional

Tanto el éxito como el fracaso dependen más de las emociones que del intelecto.

Col 1:9 No cesamos de orar por vosotros, y de pedir que seáis llenos del conocimiento de su voluntad en toda sabiduría e inteligencia espiritual.

La inteligencia emocional es la capacidad desarrollada por medio del ejercicio disciplinado del autocontrol, la virtud de la paciencia, el arte del dominio propio y de poder elegir la respuesta apropiada ante un estímulo inapropiado. Me explico: ser inteligente emocionalmente es poder elegir la repuesta correcta cuando las opciones son múltiples. A esta virtud el apóstol Pablo la llama inteligencia espiritual y la presenta como el resultado de la oración y el conocimiento de la voluntad divina.

La inteligencia emocional es sin lugar a duda la antesala del éxito y su ausencia; la puerta del fracaso. Son muchas las personas que independientemente de su estatus social, han perdido grandes privilegios, han sido expulsados de puestos importantes o simplemente no fueron asimilados porque cedieron ante alguna provocación a la que no pudieron resistirse: hedonismo (sexo), autoritarismo (poder), materialismo (dinero). Otros fracasaron porque no pudieron soportar una ofensa, o no pudieron resistir que les faltaran el respeto, o por sentirse engañados, y tomaron la justicia en sus manos. La ira los arrebató, o el celo los cegó y terminaron en la cárcel o en el cementerio. Muchos perdieron la comunión, familias, ministerios, e incluso sus preciosas almas; simplemente por no tener la capacidad de controlar sus emociones. Lo más triste es que casi todos, al final del error, se preguntan a sí mismos: ¿Qué fue lo que hice? Pero en la mayoría de los casos ya es muy tarde.

¿Alguna vez te has preguntado acerca de personas que a pesar de ser muy capaces no han tenido el éxito que corresponde a su nivel de competencia? ¿Y de otros que no son tan versados intelectualmente, y, sin embargo, el éxito que han tenido en la vida es muy elevado? ¿Cuál es la causa de esta aparente contradicción? La respuesta es muy sencilla: el CI (coeficiente intelectual) no es la fuente principal del éxito; es importante, pero no es la raíz del éxito. Uno de los elementos más importantes para tener éxito en la vida es lo que hemos llamado CE (coeficiente emocional); en otras palabras "inteligencia emocional". Partiendo de esta premisa es que he llegado a la siguiente conclusión: "El fracaso se vincula con la ausencia de inteligencia emocional más que con la ausencia de inteligencia racional". Esta verdad es la que analizaremos a continuación.

La Biblia dice:

Génesis 45:4 Entonces dijo José a sus hermanos: Acercaos ahora a mí. Y ellos se acercaron. Y él dijo: Yo soy José vuestro hermano, el que vendisteis para Egipto. 5 Ahora, pues, no os entristezcáis, ni os pese de haberme vendido acá; porque para preservación de vida me envió Dios delante de vosotros.

José es uno de los estereotipos más nobles que podemos encontrar en todas las escrituras. Lo he considerado uno de los personajes bíblicos con mayores niveles de inteligencia emocional, ya que su éxito fue notable ante los ojos del mundo. Las causas de tan grande éxito se pueden dividir en dos partes.

1. Elección divina: Dios escogió a José con propósitos tan específicos que aun desde temprana edad José había visto en sueños su final glorioso.

2. Inteligencia emocional: Ya que José supo cómo conducirse, aun en momentos de emociones destructivas, como raíces de amargura ante el rechazo y la traición de sus hermanos, miedo al ser vendido como esclavo a los madianitas, tristeza al ser arrancado de la casa de su padre Jacob, pasiones desordenadas al ser provocado una y otra vez por la esposa de Potifar, frustración al ser enviado a la cárcel por un delito que no cometió, desesperación cuando el jefe de los panaderos se olvidó de él, luego que se cumplieron las promesas divinas. José no actuó con venganza contra la esposa de Potifar y al ver a sus hermanos que entraban a Egipto a suplicar los favores del gran gobernador, José no permitió que la emoción de felicidad impidiera darles una lección a sus hermanos que al final se humillaron y además no solo los perdonó, sino que los consoló diciéndoles que el instrumento de todo el bien que el mundo había recibido eran ellos.

José supo cómo utilizar una situación que podía destruirlo emocionalmente, como el combustible para justificar la acción de hacer el bien aún a sus adversarios, que en este caso eran también sus hermanos. ¡Qué triste! No siempre los que deben ser tus aliados lo serán, pero es inteligente saber cómo tratar a tus adversarios. Jesús salvó a los once discípulos restantes sabiendo comer con Judas en la misma mesa; es decir, si Jesús hubiese quitado a Judas de la mesa, entonces uno de los once restantes lo hubiese entregado, tal vez Pedro, Juan o Jacobo. Cuando aprendemos a tratar a un ser maligno, estaremos guardando la vida de un ser benigno.

He visto personas muy profesionales, pero a la vez con niveles muy elevados de torpeza emocional, doctores, líderes sociales, que por su ausencia de inteligencia emocional terminan sus vidas solos, porque nadie puede soportarlos; no tienen amigos ni personas que puedan convivir con ellos; solo tienen clientes y personas que necesitan sus servicios o personas que dependen de ellos.

La Biblia dice:

Proverbios 16: 6-7 Con misericordia y verdad se corrige el pecado. Y con el temor de Jehová

los hombres se apartan del mal. Cuando los
caminos del hombre son agradables a Jehová,
aun a sus enemigos hace estar en paz con él.

¿Qué tiene que ver la misericordia y la verdad con lo que estamos diciendo?

En una persona la misericordia es la capacidad de acompañar empáticamente a aquellos que no logran entender ni aceptar su posición y la verdad está para llevar a esas personas a un nivel donde ellos sean restaurados sin dañar los fundamentos que gobiernan la vida del corrector. Esto es lo que José está haciendo con sus hermanos: guiándolos con misericordia y con verdad. Es ahí donde los caminos de una persona pueden agradar tanto a Dios, que aun a sus enemigos haga estar en paz con ellos.

Es a partir de esta verdad que quiero definirte algunos conceptos que son importantes en este libro, tales como: INTELIGENCIA.

La inteligencia se puede definir como la facultad de CONOCER, COMPRENDER, PROYECTAR. Desde este contexto, ser inteligente es tener la capacidad de asimilar una información, decodificarla para entenderla y tener la capacidad de proyectar esa información en la ejecución o en la enseñanza. La inteligencia, desde el enfoque bíblico, está asociada con el conocimiento de la realidad espiritual. En otras palabras; es indispensable conocer una realidad antes de ponerla en práctica, así que antes de vivir una ley, primero debo conocerla. Por eso Dios ha dotado al ser humano de la capacidad de asimilar niveles muy elevados de información; porque si esto no fuese posible, simplemente seríamos como los animales.

> *Proverbios 9:10 El temor de Jehová es el principio de la sabiduría. Y el conocimiento del Santísimo es la inteligencia.*

Si conoces del Santísimo, eres inteligente; si le temes y guardas su palabra, eres sabio. Por lo tanto, el preámbulo de la sabiduría es el conocimiento, y el del conocimiento es la inteligencia.

> *1 Samuel 15:22 Y Samuel dijo: ¿Se complace Jehová tanto en los holocaustos y víctimas, como en que se obedezca a las palabras de Jehová? Ciertamente el obedecer es mejor que los sacrificios, y el prestar atención que la grosura de los carneros.*

La inteligencia radica en PRESTAR ATENCIÓN, y según este pasaje prestar atención es mejor que los sacrificios. Muchas personas se preocupan más por servir que por prestar atención. Ambos van tomados de las manos, pero si no prestas atención no podrás ejecutar un buen servicio.

Ahora bien, la inteligencia tiene muchas manifestaciones. Entre ellas, las más importantes, según el psicólogo **Howard Gardner, son:**

Inteligencia lingüística: es desarrollar la capacidad de hacer buen uso del lenguaje, en todas las dimensiones **que una persona puede explorar, entre ellas: letras,** literatura, idiomas, etc.

Inteligencia lógica: Se vincula con ciencias que demandan exactitud, tales como las matemáticas. Se relaciona con los métodos científicos, las razones deductivas e inductivas; en fin, la lógica se enlaza con lo que es el mundo hoy; es la madre de la economía, la ingeniería y las ciencias.

Inteligencia espacial: Se relaciona con diseño; se aplica en el campo de la ingeniería, la cirugía, la escultura, la arquitectura, el diseño, la decoración, etc.

Inteligencia kinestésica: es la que manifiestan las personas que tienen la capacidad de utilizar su cuerpo para el bienestar de otros y el suyo propio; es decir para rescatar personas, o en el arte de la guerra, las artes e incluso en los deportes. Las cualidades kinestésicas se relaciona con fuerza, rapidez, flexibilidad, coordinación, equilibrio, etc.

Inteligencia musical: Se relaciona con el desarrollo de la habilidad para entender, interpretar e incluso producir música.

Inteligencia interpersonal: este tipo de inteligencia se vincula con conocer y entender a los demás, saber cómo tratar a las personas y manejar las relaciones con ellas; es el tipo de inteligencia que puede provocar éxito en áreas como la política, los negocios de venta, etc. Si se utiliza sanamente el resultado puede ser muy satisfactorio.

Inteligencia intrapersonal: es el tipo de inteligencia que nos permite conocernos a nosotros mismos: nuestras emociones, sentimientos, necesidades, debilidades y fortalezas. Quienes logran desarrollar este tipo de inteligencia obtendrán mayor provecho en la vida y sabrán cómo relacionarse con las personas en el mundo exterior, tendrán mayores posibilidades de éxito y serán vistos como mejores personas. Esta es la raíz de la inteligencia emocional.

De estos tipos de inteligencia, las que más me llaman la atención, según el propósito de este libro, son las que se pueden mezclar: la inteligencia intrapersonal y la interpersonal; ya que es el nivel de inteligencia que se relaciona con las relaciones, la conducta; en otras palabras, se empalma con la vida. A esta unión de la inteligencia intrapersonal e interpersonal podemos llamarla *inteligencia emocional.*

Entonces podemos definir la *inteligencia emocional* como la acción donde tus emociones (intrapersonal) se enfocan positivamente al trato de los demás (interpersonal). Podemos decir que es inteligencia "espiritual", ya que uno de los mandamientos más importantes de las Escrituras establece: "Ama a tu prójimo como a ti mismo"; pero ese mandamiento no comienza sino con la orden de "no aborrecer a tu hermano" y al final pone el mismo nombre de Dios como sello. Veamos:

> *Levítico 19: 17-18 No aborrecerás a tu hermano en tu corazón; razonarás con tu prójimo, para que no participes de su pecado. 18 No te vengarás, ni guardarás rencor a los hijos de tu pueblo, sino amarás a tu prójimo como a ti mismo. Yo Jehová.*

El Señor está revelando el nivel de inteligencia emocional que deben portar todos los hombres de Dios, el nivel que les permita decidir cuál será la respuesta más apropiada ante una acción donde nuestros intereses personales son afectados. El Señor está diciendo: no permitas que la circunstancia determine tu respuesta y para ello te recomienda cuatro pasos importantes:

1. No aborrecerás a tu prójimo en tu corazón: aborrecer es detestar, estar cansado de alguien, no soportarlo. A veces tenemos razón para llevar a alguien en el corazón, pero esta acción es tan dañina y torpe como la del hombre que bebió veneno esperando que su enemigo muriera. El corazón no fue diseñado para el odio y la amargura; esas emociones matan. El corazón fue diseñado simplemente para amar.

2. Razona con tu prójimo para que no participes de su pecado: ¿Qué está diciendo? Que aunque seamos inocentes ante los ataques de nuestro prójimo, el deber nuestro es razonar con él, es decir, utilizar la capacidad de ponerme de acuerdo con mi prójimo por medio de la confrontación sabia, utilizando los elementos básicos, "misericordia y verdad", para llevar a mi prójimo al nivel del arrepentimiento. Porque si no intento razonar y mejor decido aborrecerlo en mi corazón, la justicia divina me hará partícipe de su pecado, ¿Por qué? Porque el mal no se vence con maldad; el odio no se destruye con odio. No se paga mal por mal, no se maldice por maldición. Si pago con enojo la maldad de mi prójimo seré tan malvado como él y ya estaré participando de su error. Es verdad que ese sujeto fue un instrumento

de Satanás para empujarte a una situación difícil; no obstante, Dios te dice que "no lo aborrezcas"; si lo haces participarás de su pecado. Es decir, tanto el como tú serán culpables del juicio.

3. No te vengarás ni guardarás rencor: la venganza es provocada por la raíz de amargura y el deseo de dañar al adversario; la venganza le pertenece a Dios, no a nosotros. Uno de los principios que he aprendido en mi caminar con el Señor es que Dios suelta el juicio cuando lo tomamos nosotros; también he aprendido que lo peor que le puede suceder a un adversario es cuando el justo no hace nada luego de haber sido atacado, porque el silencio de un justo provocará una reacción divina en contra de quienes lo dañaron.

4. Ama a tu prójimo como a ti mismo: la mayor manifestación de inteligencia emocional es cuando podemos amar aun a nuestros enemigos y olvidar el agravio. Si lo haces te sentirás libre y podrás vivir en paz.

¿Cuál es el propósito de Dios al solicitarle este principio a su pueblo? El propósito de Dios es un pueblo con un corazón sano y limpio; porque un corazón sin raíz de amargura es el lugar donde Dios quiere habitar; un corazón sano y puro es la llave para habitar en el Monte Santo.

El mayor problema del ser humano son sus emociones. ¿No lo sabías? Pues te explico:

¿Qué son las emociones? La palabra emoción viene del latín **"EMOTIO"** y se traduce como aquello que "mueve hacia fuera", "que saca". Son manifestaciones

PSICOFISIOLÓGICAS que ocurren de manera espontánea y automática, se generan ante un evento y son de corta durabilidad, aunque pueden ser muy intensas.

Antes de una emoción se genera una situación que la activa; eso es una ley. Sin embargo, he llegado a la conclusión de que a diario podemos convivir con tres tipos de situaciones y que estas se relacionan con el estímulo que activa las emociones. Estas situaciones son: neutras, positivas o negativas.

1. Las situaciones neutras: Son situaciones cotidianas, que no necesariamente generan emociones significativas; no son positivas ni negativas, sino neutrales; es como decir: Esta situación no me molesta, pero tampoco me hace feliz. Las emociones neutras no te añaden tristeza ni felicidad; simplemente se enlaza con acontecimientos cotidianos a los que estamos acostumbrados.

2. Las situaciones positivas: Son aquellas situaciones que generan EMOCIONES AGRADABLES... placenteras y que si fuera por nosotros las extenderíamos, como la alegría, la seguridad, etc.

3. Las situaciones negativas: Son aquellas situaciones que generan EMOCIONES DESAGRADABLES, que nos enojan o entristecen...

Entre estos renglones encontramos las emociones que **se vinculan con los sentidos, y que se activan en cual**quiera de estos renglones, por medio del ojo, es decir, lo que vemos; el oído, lo que escuchamos; el tacto, lo que tocamos; el olfato, lo que olemos; y el gusto, lo que **saboreamos. Los sentidos pueden activar emociones por** medio de informaciones que recibimos consciente o inconscientemente o a través del recuerdo que se puede desbloquear por medio de los sentidos.

✓ El principio básico de las emociones revela que "ante un evento se genera una emoción" y "ante una emoción, dos posibilidades". En otras palabras, las emociones son INEVITABLES, pero lo que sucede a partir de esta es tu responsabilidad.

> *Deuteronomio 30:15 Mira, yo he puesto delante de ti hoy la vida y el bien, la muerte y el mal; 19 A los cielos y a la tierra llamo por testigos hoy contra vosotros, que os he puesto delante la vida y la muerte, la bendición y la maldición; escoge, pues, la vida, para que vivas tú y tu descendencia.*

Dios ha puesto dos caminos delante de las personas: el bien y el mal, la vida y la muerte, este acontecimiento no solo sucede de vez en cuando: sucede cada día; y en cada momento, tenemos la oportunidad de ser mejores personas o peores personas, pero eso no depende de Dios; Él nos entregó la decisión en las manos.

Esto es un principio que debes asimilar: "Ante un evento se genera una emoción"; esto es inevitable y no eres culpable de lo que sientes, pero los resultados de esas emociones siempre serán tu responsabilidad. Ser inteligente emocionalmente es decidir el final de una emoción y no permitir que esta decida por ti.

La Biblia dice:

Efesios 4:26 airaos, pero no pequéis; no se ponga el sol sobre vuestro enojo ni deis lugar al diablo...

No puedes impedir airarte, pero puedes impedir pecar.

2Cor. 7:10 porque la TRISTEZA que es según Dios produce arrepentimiento para salvación, de que no hay que arrepentirse; pero la TRISTEZA del mundo produce muerte.

Puedo utilizar la tristeza como una emoción que me quebrante para crecer o una emoción que me deprima al nivel que me produzca la muerte.

Emociones básicas

Surge una pregunta: ¿Cuáles son las emociones que se pueden manifestar en un evento? Es ahí donde debemos conocer las cuatro emociones básicas:

1. Miedo: es el temor o la angustia que experimentamos cuando percibimos algún peligro o amenaza.

2. Ira: enfado, molestia que puede provocar acciones violentas.

3. Tristeza: dolor o quebrantamiento del ánimo, producido por un suceso triste o desagradable.

4. Alegría: se revela a través de la sonrisa o el rostro desestresado.

A partir de estas emociones básicas se desprenden conjuntos de emociones secundarias tales como:

- Gratitud: expresión que se manifiesta cuando hemos sido favorecidos.

- Sorpresa: asombro.

- Serenidad: tranquilidad, paz.

- Admiración: valoración muy positiva en beneficio de alguien o algo.

- Asco: repulsión, rechazo.

- Desesperación: pérdida de paciencia, ausencia de ánimo, causada ante una crisis irreparable.

- Indignación: enfado causado por acciones injustas.

- Celo: respuesta emocional que se manifiesta cuando se percibe la amenaza de perder o compartir aquello que se considera propio.

¿Dónde se generan las emociones?

Tenemos dos mentes:

Mente emocional (EQ) y mente racional (IQ). UNA PIENSA Y LA OTRA SIENTE...

• Alguien había superado una crisis financiera... Le preguntaron: ¿Cómo lo lograste? Él dijo: Pasé páginas y superé ese problema. Pero cuando dijo "Pasé páginas", sus ojos se nublaron de lágrimas y su expresión reflejó un sentimiento de tristeza.

¿Qué pasó ahí? Esas lágrimas indicaban todo lo contrario de lo que él estaba comunicando.

Aquí encontramos dos fenómenos que se materializan en una misma persona:

1. Mente emocional
2. Mente racional

Las dos operan en armonía, pero a veces chocan y entrecruzan una en el camino de la otra, siendo más cruel y egoísta en la mayoría de los casos la mente emocional, que a la vez tiende a ser muy dominante. En este sentido te encontrarás personas que a sabiendas de que están haciendo algo inconveniente y perjudicial, mientras su razonamiento les grita "¡No lo hagas!", sus emociones fuera de control las han llevado al fracaso.

Todo esto es parte de un proceso fisiológico: las emociones están conectadas al sistema endocrino (sistema de glándulas que segregan hormonas que regulan nuestra vida). Es decir, que las hormonas son sustancias segregadas por células especializadas, localizadas en las glándulas endocrinas, cuyo propósito es influenciar a otras células y equilibrar las áreas relacionadas con el funcionamiento adecuado de todo el ser.

Durante las emociones el cuerpo produce HORMONAS Y NEUROTRANSMISORES.

Glándulas como la tiroides, la hipófisis o pituitaria (lóbulo posterior y lóbulo anterior), la glándula pineal, las glándulas suprarrenales, las gónadas (que están en los testículos y ovarios), el hipotálamo o el páncreas, entre otras, segregan hormonas muy importantes para el funcionamiento natural y normal de la vida como la conocemos. Estas glándulas producen hormonas tales como adrenalina, oxitócica, tiroxina, prolactina, testosterona, estrógenos, cortisol.

También ante una emoción nuestro cuerpo produce neurotransmisores tales como serotonina, dopamina, endorfina, entre otros. Todas estas hormonas y neurotransmisores se relacionan con las emociones, sentimientos, pensamientos y conductas de los seres humanos.

El centro de las emociones

Ahora bien, el centro de las emociones lo encontramos en el sistema límbico, y este involucra tres estados básicos del Ser:

Fisiológicos: podemos notarlos en el cambio del flujo respiratorio.

Cognitivos: aluden a la información que se procesa. Es nuestra experiencia subjetiva.

Conductuales: tienen que ver con el comportamiento y las reacciones humanas.

En el cerebro emocional tenemos como centro el sistema LÍMBICO (significa 'anillo'), también llamado cerebro medio. Es la parte del cerebro ubicada debajo de la corteza cerebral, y que está constituido por elementos importantes como el tálamo, el hipotálamo, el hipocampo y la amígdala. Estos elementos constituyen el centro de nuestras emociones, siendo fundamental el trabajo de la amígdala.

Luego tenemos la corteza cerebral o neocórtex. El sistema límbico está en constante interacción con la corteza cerebral y esto implica que podamos tener control sobre nuestras emociones, ya que el neocórtex es **el cerebro racional.**

A esta fiesta se unen los lóbulos prefrontales y frontales. Asumen dos importantes tareas: moderar nuestras reacciones emocionales (frenando las señales del sistema límbico) y desarrollar planes de actuación concretos para situaciones que pueden salirse de control. Esto es muy importante.

Este sistema tiene nexo con el proceso donde una emoción se convierte en conducta.

1. Emoción
2. Pensamientos
3. Sentimientos
4. Conductas

¿Cómo las emociones se salen de control?

En el sistema límbico tenemos la AMÍGDALA. *Amígdala* significa 'almendra'. Esta amígdala (diferente a las amígdalas faríngeas) está en el centro del sistema límbico y tiene el poder de procesar y almacenar las reacciones emocionales del miedo, la ira, el escape y la lucha.

Cuando una emoción se activa se envía una señal desde la amígdala al lóbulo prefrontal, el cual trabaja en conexión con la corteza cerebral y se enlaza con la mente racional. Allí, en el lóbulo prefrontal, encontramos las neuronas INHIBIDORAS que tienen el poder de reducir la señal emocional para dar al sujeto la oportunidad de "controlarse". Sin embargo, cuando la emoción es muy fuerte podemos ser testigos de lo que el doctor Daniel Goleman llama "asalto emocional".

Es cuando la emoción toma control de la mente racional y la acción de la persona tiende a ser primitiva, ordinaria, antiética e incluso inmoral. Esta es la razón por la que los expertos recomiendan que ante una emoción nos demos unos segundos, contemos hasta diez o desarrollemos cualquier técnica que haga tiempo. El propósito es darle al lóbulo prefrontal la oportunidad de tomar la señal enviada por la amígdala y reducirla a una acción correcta y no permitir que esos sentimientos fuera de control se conviertan en una especie de volcán que hace erupción destruyendo todo lo que encuentra a su paso.

A partir de este efecto emocional se originan:

1. Los homicidios cometidos por ataque descontrolados de ira.
2. Los suicidios.
3. La violencia intrafamiliar.
4. Los divorcios.
5. Las violaciones.
6. Los adulterios.
7. Las fornicaciones.
8. Las renuncias de puestos importantes.
9. El quebrantamiento de relaciones que se pudieron salvar. Etc.

Esta es la razón por la que se considera "inteligencia emocional" como la capacidad de poder identificar una emoción, canalizarla a través de una conclusión racional y luego de que hemos logrado este proceso, proceder a la acción más correcta según nuestro razonamiento, las leyes sociales y espirituales. Se recomienda para ello seguir los siguientes pasos:

1. Identificar la emoción.

2. Permitir que el lóbulo frontal active las neuronas inhibidoras; en otras palabras, que la euforia de la emoción pase. Por eso muchos recomiendan contar hasta diez.

3. Luego pensar.

4. Canalizar lo que sentimos.

5. Actuar de acuerdo con los principios y valores que nos gobiernan y no por los instintos primitivos.

Las personas que logran llevar sus emociones al paso tres están haciendo uso de su inteligencia emocional. Estas personas difícilmente cometerán una falta de la cual tengan que arrepentirse.

Esta es también la razón por la cual los expertos aseguran que el 80 % del éxito no depende de la inteligencia racional, sino más bien de la emocional. "Está demostrado que el éxito de relaciones sociales, negocios, política, familia, grupos de liderazgo se empalma con la manera en que canalizamos nuestras emociones".

¿Cómo reaccionó José ante sus hermanos? Siendo inteligente emocionalmente.

Si analizamos los versículos 3 al 5 del capítulo 45 de Génesis nos daremos cuenta de que José tuvo evidencia de inteligencia emocional.

1. Se identificó: "Yo soy José".

2. Dijo a sus hermanos: "Acercaos a mí". Esto indica que tuvo la capacidad de abrazar a aquellos que fueron sus enemigos y procuraron destruirlo.

3. Les dijo "No se sientan tristes", lo que indica que los perdonó y procuró generar en ellos un sentimiento contrario a la culpabilidad.

4. Por eso les dijo: "Nos os pese haberme vendido acá. Porque para preservación de vida me envió Dios delante de ustedes".

En otras palabras, José tuvo la capacidad de tomar todas las emociones difíciles que se generaron en el proceso y transformarlas en sentimientos positivos, que no dañaron su alma, que no lo llenaron de raíces de amargura, ya que si su alma se hubiese dañado no hubiese podido estar apto para salvar a toda una generación.

Capítulo 2

Emociones, pensamientos, sentimientos y conductas

Un sentimiento
siempre será el resultado
de una emoción aprobada por un pensamiento
y que va camino a convertirse
en una conducta.

He aprendido que ante un evento se genera una emoción. Sin embargo, de la misma manera que se manifiesta una emoción, así mismo puede esfumarse y desvanecerse. No obstante, cuando las emociones entran al intelecto y lo afectan sea positiva o negativamente, es ahí cuando nacen los sentimientos. En otras palabras, si la emoción es ira y es asimilada por el razonamiento se puede convertir en raíz de amargura, pero si la emoción es alegría y es asimilada por el razonamiento se puede convertir en felicidad, y así sucede con todas las emociones: cuando se intensifican y son aprobadas por el razonamiento se transforman en sentimientos

positivos o negativos.

Los sentimientos nos hacen diferentes a los animales; los animales tienen emociones, pero no pueden concebir sentimientos. Un animal puede tener enojo, pero no rencor. Esto se ha demostrado científicamente: los animales pueden sentir tristeza, pero no depresión; ira, pero no amargura; miedo, pero no fobias; alegría, pero no necesariamente felicidad. ¿Por qué? porque los sentimientos son el resultado de la autoconciencia. ¿Qué es autoconciencia? La autoconciencia emocional es un proceso mediante el cual las personas se autoanalizan, evalúan causas y consecuencias de eventos emocionales, interpretan el evento y asimilan el sentimiento consecuente a este. Este proceso no existe en los animales; solo nosotros podemos procesar mentalmente una emoción y amplificarla al nivel de afectar positiva o negativamente nuestras vidas.

Usted dirá: "Estoy convencido de que mi perro me ama". Yo le diría que tal vez se puede traducir el afecto instintivo de un animal hacia su dueño con amor, pero el amor humano tiene múltiples manifestaciones, tales como amor familiar, amor erótico, amor ágape (que es divino). Ese amor que es el resultado de nuestra humanidad no puede ser imitado por ninguna criatura que no haya participado al igual que el hombre de la semejanza divina.

¿Sabía usted que la acción de un perro lamer los pies de su amo literalmente es adoración? ¿Y no se ha preguntado usted por qué Dios no acusa a los perros de **idolatría? Porque para que sea adoración se necesita,** más que emoción, sentimientos. ¿Por qué? Cuando un gato se come a su bebe gatito —y ha sucedido aun con los caninos—, la policía animal no los encierra por infanticidio, porque son animales. No tienen sentimientos, tienen emociones; no tienen razonamiento, tienen instinto.

En otras palabras, los sentimientos son exclusivamente humanos. Por esto, desde esta óptica y desde un enfoque científico, un sentimiento es el resultado de una emoción procesada y despachada a partir del EQ, el "coeficiente emocional que está en el lado derecho del cerebro" y asimilada por el IQ, el "coeficiente intelectual, que está del lado izquierdo del cerebro". Es decir, cuando una emoción es aceptada por un pensamiento nace de manera automática un sentimiento. Por lo tanto, las emociones se convierten en sentimientos:

- La ira se puede convertir en rencor y raíz de amargura.
- La tristeza se puede convertir en depresión.
- La alegría en felicidad.
- El miedo en fobias.

Y así sucesivamente, todas las emociones procesadas por un pensamiento se convierten en sentimientos. Podríamos expresarlo de la siguiente manera:

$$E + P = S$$

EMOCIÓN + PENSAMIENTO = SENTIMIENTO

Ahora bien, los sentimientos se pueden reflejar de forma directa en la conducta de una persona. ¿Cuál usted cree que será la conducta de una persona dominada por raíces de amargura? ¿O bajo el efecto de una fuerte depresión? ¿Su conducta sería igual que la de alguien que es feliz? Definitivamente no, sencillamente porque los sentimientos se convierten en conductas, pero las conductas siempre estarán influenciadas por el estado emocional que ha sido procesado mentalmente y se ha convertido en sentimiento.

Escuché el caso de una persona que decidió hacerse una cirugía, ya que por más que se esforzaba no podía sonreír, y decidió hacerse una sonrisa. Imagínese usted: eso es extremo y traumático, podría llamarlo el efecto payaso; no es necesario llegar tan lejos, pero definitivamente la sonrisa de una persona feliz puede cambiar el mundo que le rodea.

El mecanismo para tomar control de las emociones

El mejor mecanismo para no caer en niveles donde una emoción pueda marcar negativamente nuestra existencia se llama INTELIGENCIA EMOCIONAL. Me explico: si logramos desarrollar habilidades de inteligencia emocional, lograremos impedir que las emociones negativas marquen nuestra existencia. ¿Cómo puede ser posible? Veamos:

1. Cuando una emoción se active, "identifícala". Cada persona que maneja inteligencia emocional conoce **cuáles son las emociones a las que es más vulnerable** y sabe cuándo una emoción está tocando la puerta. Si la persona identifica esta emoción se preparará para el **ataque de dos maneras básicas:**

a) Abandonará el ambiente donde está por manifestarse esa emoción.

b) También la segunda acción es muy poderosa: consiste en prepararse para el ataque emocional; es decir: "He logrado identificar que se avecina una avalancha de ira; esperaré el impacto, estoy listo". Cuando una emoción fuerte se activa, también se activan en el hombre los instintos primitivos de GRITAR o GOLPEAR si es ira. Por eso, cuando el ataque es muy fuerte, lo más cerca que tenemos y que podemos dominar es CONTAR. Sí, cuenta hasta diez. Se ha llegado a la conclusión de que diez segundos es el tiempo necesario para que el instinto primitivo se desvanezca y despertemos a la realidad (cuando estudiemos la fisiología de las emociones lo veremos) o pensemos en los efectos negativos de una acción inapropiada y dejemos que el momento pase antes de hablar o actuar. Luego de que el impulso pase, tendrás mayor capacidad para responder.

El punto es que si logras identificar la emoción que se avecina, podrás tener control de la respuesta y entonces manifestarás la conducta apropiada.

2. Detente unos segundos luego de percibir cualquier emoción, sea positiva o negativa. Se han dado casos de personas que ante una emoción fuerte han provocado situaciones que terminaron en tragedia, así que hay que detenerse y permitir que la parte racional del cerebro asimile la emoción y determine cuál es la acción correcta.

La Biblia dice:

> *Romanos 12:19 No os venguéis vosotros mismos, amados míos, sino dejad lugar a la ira de Dios; porque escrito está: Mía es la venganza, yo pagaré, dice el Señor. 20 Así que, si tu enemigo tuviere hambre, dale de comer; si tuviere sed, dale de beber; pues haciendo esto, ascuas de fuego amontonarás sobre su cabeza. 21 No seas vencido de lo malo, sino vence con el bien el mal.*

Este es uno de mis pasajes favoritos en la línea de inteligencia emocional. El apóstol Pablo nos está indicando lo que deberíamos hacer ante un evento donde se ha activado una emoción llamada ira. Esta emoción procura como respuesta una acción de venganza, pero Pablo dice: sean inteligentes, no se venguen, tengan paz y paciencia y dejen el asunto en las manos de Dios. Aquí encontramos los elementos que dan lugar a una conducta apropiada si utilizamos la inteligencia emocional:

1. Situación.

2. Emoción.

3. Pensamientos.

4. Sentimiento.

5. Conducta.

Todo comienza con una situación y termina con una conducta. Si este proceso es acompañado de inteligencia emocional, la conducta será la respuesta apropiada, ante un estímulo inadecuado. Si todos pudiéramos asimilar esta gran verdad, seríamos menos vulnerables a cometer errores y a fracasar ante un estímulo adverso.

- Cuántos homicidios se hubiesen evitado si el afectado no hubiese tomado la venganza en sus manos.

- Cuántos matrimonios se hubiesen salvado si la pareja hubiese utilizado inteligencia emocional.

- Cuántas empresas no se hubiesen dividido e ido a la quiebra si sus gerentes hubiesen utilizado inteligencia emocional.

Veamos otro pasaje que hace referencia a inteligencia emocional:

Proverbios 26:3 El látigo para el caballo, el cabestro para el asno, Y la vara para la espalda del necio. 4 Nunca respondas al necio de acuerdo con su necedad, Para que no seas tú también como él.

La inteligencia emocional no responde de acuerdo con la necedad del que te ofende o maltrata. Si te acostumbras a hablar mal al que te habla mal, gritar al que te grita, entonces serás tan necio como el que te ha agraviado. Cuando vayas a responder, hazlo de acuerdo con tu inteligencia y no a la necedad de quien te ofenda.

En la mayoría de los casos es mejor guardar silencio:

Proverbios 17: 27 El que ahorra sus palabras tiene sabiduría; De espíritu prudente es el hombre entendido. 28 Aun el necio, cuando calla, es contado por sabio; El que cierra sus labios es entendido.

El silencio es la mejor respuesta a la voz del necio que **procura provocar y hacer daño** con sus palabras. No hay una acción que provoca más dolor a un necio que el silencio de los sabios. La verdad es que "si tardo para hablar no significa que no tengo palabras para responder"; es que doy tanto valor a mis palabras que no estoy dispuesto a desperdiciarlas con personas ignorantes. Ser tardo para airarse indica control de la respuesta de la ira, y niveles elevados de inteligencia emocional; sin embargo, ser violento ante cualquier acción adversa demuestra "déficit de control ejecutivo" y es la mayor señal de fracaso.

De ahí es que si inteligencia es la capacidad de conocer, comprender y proyectar, ser inteligente emocionalmente es conocer las emociones a las que somos más sensibles, comprenderlas y saber cómo proyectarlas por medio de una conducta apropiada. Las emociones no desaparecen, simplemente maduramos y aprendemos a convivir con ellas. Cuando entendamos esta gran verdad, entraremos en el nivel donde somos nosotros quienes decidimos cuál será la acción, y no los impulsos primitivos. A partir de esta gran verdad es que nace el concepto de gestión emocional.

¿En qué consiste la gestión emocional?

La gestión emocional es un tema que debe ser tomado en cuenta al momento de hablar de emociones. No consiste en eliminar aquellas emociones que son consideradas negativas, porque eliminar una emoción es imposible; pero consiste en modular las emociones que pueden desencadenar en situaciones críticas y provocar malestares no deseados.

Por ejemplo, la ira es una emoción negativa, pero aun a ella podemos controlarla; y cuando lo hacemos de la manera correcta, estamos gestionando nuestras emociones. El apóstol Pablo dijo: "Airaos, pero no pequéis; no se ponga el sol sobre vuestro enojo" (Efesios 4:26), dando por sentado el hecho de que airarse es normal e inevitable. No obstante, yo determino si movido por la ira cometo pecados. Entonces ¿cómo puedo airarme y no pecar? Gestionando mis emociones y no dejándome dominar por ellas.

- Las emociones se activan ante un estímulo.

- La gestión emocional sirve para evitar situaciones innecesarias.

- Nos ayuda a empatizar; es decir, a ser más sensibles ante la realidad que viven otros.

- Nos ayuda a aprender de los errores.

- A expresar lo que sentimos.

Las gestiones emocionales se canalizan, se identifican y se modulan, pero para ello hay que educarse. El problema de las emociones es que se activan ante un estímulo y al activarse provocan movimientos internos. Por ejemplo:

• La ira: provoca que la sangre fluya a las manos para golpear; dispara el ritmo cardiaco porque el corazón recibe más adrenalina, la cual puede provocar una acción agresiva y destructiva.

• El miedo: provoca que la sangre vaya a las piernas, para huir, activando el instinto de supervivencia.

• La alegría: provoca relajación, bienestar y deseo de abrazar, apretar las manos, etc.

• La ternura: provoca niveles de satisfacción tan profundos que se pueden liberar cargas de estrés propio y de los demás.

• La sorpresa: activa un mayor alcance visual, permite al cerebro recibir y buscar mayor información para entender la situación que la activó.

• La tristeza: provoca la caída de la energía y el entusiasmo, elimina los apetitos y el placer; y cuando se procesa mentalmente produce depresión.

Las emociones negativas tienen el poder de enfermar el cuerpo, así como las emociones positivas tienen el poder de sanarlo. En el ambiente clínico se habla de enfermedades psicosomáticas, es decir, enfermedades que comenzaron en la mente, posiblemente por medio de una emoción dañina, y terminaron enfermando el cuerpo. Entre esas emociones que son muy dañinas tenemos:

1. La tristeza o pena: afecta los pulmones; por eso encontrarás que quien está muy triste puede tener dificultad para respirar, se cansa fácilmente.

2. El miedo: afecta directamente el estómago, y está muy relacionado con la deficiencia renal; también maltrata el corazón y el hígado. Las personas que entran en **niveles de depresión sentirán los efectos de la tristeza y** el miedo, porque la depresión es tan peligrosa que los contiene a ambos.

3. La ira: puede provocar fuertes dolores de cabeza, de-

rrames cerebrales, enfermedades cardiacas y hepáticas.

Vivir en paz, en armonía, con control de las emociones se enlaza con la salud del cuerpo, pero sobre todo con la salud del alma.

Testimonios sociales

Estos son unos pocos testimonios que he tomado de las noticias, como una referencia de lo que puede hacer una persona cuando no sabe gestionar sus emociones y se entrega ante un arrebato emocional.

1. Un hombre fue asesinado de una estocada, por el esposo de su expareja, luego de que un tribunal le diera a la víctima la custodia de su hijo, por supuesto maltrato de la madre.

2. Un juez británico condenó a un adolescente de Liverpool por homicidio; el joven "mató a su bebé" por un arranque de ira ya que el niño "no comía y gritaba mucho".

3. Un hombre fue encarcelado 12 meses por escupir a la Policía en un arrebato de ira.

Testimonios bíblicos

1. José fue inteligente emocional: mantuvo control ante una crisis familiar que lo afectaba directamente, logró sobrevivir ante la crisis, perdonó a sus enemigos y aún más: fue su benefactor.

2. Caín no fue inteligente emocionalmente: sintió un celo muy intenso contra su hermano, Dios detectó el mal en él y le hizo una observación:

> *Génesis 4:6... ¿Por qué te has ensañado, y por qué ha decaído tu semblante? 7 Si bien hicieres, ¿no serás enaltecido? y si no hicieres bien, el pecado está a la puerta; con todo esto, a ti será su deseo, y tú te enseñorearás de él. 8 Y dijo Caín a su hermano Abel: Salgamos al campo. Y aconteció que estando ellos en el campo, Caín se levantó contra su hermano Abel, y lo mató.*

Caín mato a su hermano, porque su deseo de venganza estaba movido por envidia y celos.

3. Esaú no fue inteligente emocionalmente: vendió su herencia por un plato de comida, y fue señalado en las escrituras como profano:

> *Hebreos 12:15 Mirad bien, no sea que alguno deje de alcanzar la gracia de Dios; que brotando alguna raíz de amargura, os estorbe, y por ella muchos sean contaminados; 16 no sea que haya algún fornicario, o profano, como Esaú, que por una sola comida vendió su primogenitura. 17 Porque ya sabéis que aun después, deseando heredar la bendición, fue desechado, y no hubo oportunidad para el arrepentimiento, aunque la procuró con lágrimas.*

4. David fue muy inteligente emocionalmente: mantuvo el control para no destruir a su enemigo Saúl, su argumento fue "líbreme el Señor de levantar mis manos contra su ungido"; supo controlar sus emociones ante las adversidades. Uno de los testimonios más poderosos que tenemos de David es el caso de Simei.

La Biblia dice:

*2 Samuel 16:5 Y vino el rey David hasta Bahurim; y he aquí salía uno de la familia de la casa de Saúl, el cual se llamaba Simei hijo de Gera; y salía maldiciendo, 6 y arrojando piedras contra David, y contra todos los siervos del rey David; y todo el pueblo y todos los hombres valientes estaban a su derecha y a su izquierda. 7 Y decía Simei, maldiciéndole: ¡Fuera, fuera, hombre sanguinario y perverso! 8 Jehová te ha dado el pago de toda la sangre de la casa de Saúl, en lugar del cual tú has reinado, y Jehová ha entregado el reino en mano de tu hijo Absalón; y hete aquí sorprendido en tu maldad, porque eres hombre sanguinario. 9 Entonces Abisai hijo de Sarvia dijo al rey: ¿Por qué maldice este perro muerto a mi señor el rey? Te ruego que me dejes pasar, y le quitaré la cabeza. 10 Y el rey respondió: ¿Qué tengo yo con vosotros, hijos de Sarvia? Si él así maldice, es porque Jehová le ha dicho que maldiga a David. ¿Quién, pues, le dirá: Por qué lo haces así? 11 Y dijo David a Abisai y a todos sus siervos: He aquí, mi hijo que ha salido de mis entrañas acecha mi vida; ¿cuánto más ahora un hijo de Benjamín? Dejadle que maldiga, pues Jehová se lo ha dicho. 12 Quizá mirará Jehová mi aflicción, y me dará Jehová bien por sus maldiciones de hoy. 13 Y mientras David y los suyos iban por el camino, Simei iba por el lado del monte delante de él, **andando y maldiciendo, y arrojando piedras** delante de él, y esparciendo polvo.*

Cuántas emociones se pudieron generar en este escenario. Pero David supo gestionar sus emociones, fue inteligente y actuó con tal humildad que hoy día se habla de ella. Sin embargo, se revela algo extraño y es que, al final de su vida, David pidió a Salomón vengarse de esta persona que le hizo daño.

El punto es el siguiente: si quieres ser feliz, debes entender que la felicidad es el resultado de la alegría asimilada por el entendimiento y que es el resultado de hacer las cosas bien hechas, de tener la paz de Dios, de vivir en armonía con los demás, de cumplir con la asignación y el propósito de nuestra existencia, pero nunca podrás ser feliz si no tienes inteligencia emocional; si eres emocional, si permites que las decisiones de tus acciones las determine el momento, lamento decirte que ya fracasaste; pero si pones en práctica la virtud del dominio propio, si piensas antes de actuar, si evalúas las consecuencia de las acciones, te aseguro que Dios estará contigo, el bien y la misericordia te acompañarán y disfrutarás de la paz del Señor, que sobrepasa todo entendimiento.

—— Capítulo 3 ——
Enfrentando la depresión

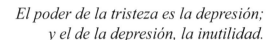

*El poder de la tristeza es la depresión;
y el de la depresión, la inutilidad.*

Definitivamente, de las cuatro emociones básicas —alegría, ira, tristeza y miedo—, tres son de carácter negativo y solo una es vista socialmente como buena y agradable (la alegría); no obstante, entre las tres emociones que son vistas con mayor carga negativa que positiva la más peligrosa es la tristeza. Esta es una emoción negativa que puede manifestar los efectos malignos de las demás. La tristeza es una emoción que al ser asimilada y procesada por el pensamiento se puede convertir en depresión.

Este capítulo es de mucha relevancia social ya que cada día son más las personas diagnosticadas con algún nivel depresivo. Lo primero es que cuando Dios diseñó al hombre le otorgó cualidades semejantes a las suyas; por eso la Biblia dice que le dio su "imagen y semejanza. Estas cualidades se pueden traducir como: **capacidad, condición, naturaleza, voluntad, intelecto y** sentimientos; en otras palabras, los sentimientos fueron una manifestación de la semejanza divina en el hombre, y estos eran tan perfectos que conectaban al hombre con Dios. Sin embargo, cuando el hombre cae de la gracia, la perfección de su naturaleza se corrompió y todo lo que el hombre tenía de Dios se distorsionó.

Solo piense en todo el mal que los hombres hacen y son capaces de hacer cuando sus emociones no son domadas por la palabra de Dios; por esto el apóstol Pablo llama a algunos hombres de su generación "inventores de males", por la sencilla razón de que el hombre tiene la capacidad de maximizar lo que tiene, para bien o para mal y en todo el sentido de la palabra.

La pregunta sería: ¿Cuál es el propósito de la existencia del hombre? Pablo responde en Efesios 2:10: Porque somos hechura suya, creados en Cristo Jesús para buenas obras, las cuales Dios preparó de antemano para que anduviésemos en ellas.

Este pasaje nos revela que fuimos creados para vivir y hacer el bien. El hombre no fue diseñado para vivir en amargura y tristeza; el hombre fue diseñado para vivir en plenitud. Por eso cuando un hombre no experimenta la plenitud del propósito divino, experimentará la plenitud del despropósito que se puede traducir como "tristeza eterna".

Ahora bien, ¿qué es la tristeza? Es una emoción muy peligrosa, que puede afectar al hombre en su entero ser, en lo interno y lo externo; es decir, puede dañar por dentro al que la porta mientras este simula que no sucede nada, pero luego llega un momento en que la tristeza no se puede esconder y afecta lo externo, es decir, terminará dañando a todos los que están alrededor de esta persona. Ahora bien, la tristeza tiene dos manifestaciones: Pablo las llama la tristeza según Dios y la tristeza según el mundo.

2 Corintios 7:10 Porque la tristeza que es según Dios produce arrepentimiento para salvación, de que no hay que arrepentirse; pero la tristeza del mundo produce muerte.

1. La tristeza según Dios: Produce arrepentimiento; en otras palabras, la tristeza según Dios es el resultado de la confrontación divina por medio de un hecho que provocó arrepentimiento, es decir, un cambio de mentalidad. Esta tristeza quebranta el orgullo y provoca que el hombre se humille ante su creador y renuncie a lo que provocó que se alejara de la justicia.

2. La tristeza del mundo: Esta es maligna y tiene propósitos destructivos contra la persona que está siendo afectada. Pablo dice que esta tristeza produce muerte, es decir, divide al hombre de Dios al hundirlo en la depresión. Por eso la depresión es el efecto final de la tristeza del mundo. La palabra depresión viene del latín DEPRESSIO que se traduce como 'lo que se HUNDE'. En otras palabras, se describe la depresión como un sentimiento capaz de hundir a quien la porta; es un peso contrario y difícil de llevar, destruye el ánimo, la pasión, el deseo de vivir, el propósito, la identidad y el potencial humano. Una persona deprimida pierde la esencia de su verdadera naturaleza y puede hundirse

en el abismo de este sentimiento.

Desde el enfoque general y cognitivo, podemos decir que la depresión tiene dos planos generales:

1. El plano donde es vista como natural, es decir, que entra en patrones de normalidad social. En este plano la depresión no es más que la tristeza que podemos experimentar al ser expuestos ante una situación crítica. Este nivel de tristeza puede percibirse como normal, al igual que forma parte de nuestra normalidad la capacidad de superar ese estado de ánimo. Sin embargo, cuando la tristeza se vuelve intensa y permanente, sale del patrón de normalidad y se convierte en un trastorno depresivo.

2. El plano de la depresión clínica: la depresión clínica es una tristeza intensa y persistente; la causa que la provocó no pudo ser superada, entró al entendimiento, fue asimilada por la razón y se quedó allí. Por eso toda depresión está en la mente, el alma, los pensamientos. De ahí es que la palabra trastorno hace referencia "a una mente lacerada, rota", y aunque en la mayoría de los casos la depresión es resultado de una crisis, se ha demostrado que una persona puede ser afectada por patrones hereditarios, farmacológicos e incluso cambios hormonales.

Sin embargo, hay que resaltar que detrás de cada caso depresivo hay un proceso espiritual, y a pesar de que la **fuente de una depresión no siempre es la misma, todas** las depresiones se pueden etiquetar como "trastornos del estado de ánimo". Estos trastornos existen por alteraciones en la normalidad emocional, tales como:

- Períodos prolongados de tristeza excesiva.

- Exaltación excesiva (manía)

- Sentimiento de inutilidad.

- Desesperanza.

- Ideas de fracaso o fracaso.

Ante todo esto, surge una pregunta: ¿Cuáles son las características que evidencian que alguien está pasando por un trastorno depresivo mayor?

Estas son algunas de ellas:

• Tristeza severa: se caracteriza con llanto frecuente que no alivia.

• Humor depresivo: El individuo se siente desdichado y afligido, con pensamientos pesimistas sobre el pasado, el presente y el futuro.

• Apatía y poca motivación: Cansancio del ánimo o poco deseo de tener actividades que anteriormente eran normales.

• Anergia: Falta de energía con tendencia a permanecer en la cama.

• Anhedonia: Ausencia de la capacidad de percibir los placeres normales de la vida.

• Retardo psicomotor: Lentitud de movimientos.

• Ansiedad: Acción de estar inquieto sin causa que lo justifique.

• Irritabilidad. Propensión a disgustarse fácilmente.

• Falta de concentración y pérdida de memoria.

• Trastorno de sueño: No dormir o dormir muy poco, tambien dormir mucho.

• Pérdida de apetito.

• Adelgazamiento.

• Frigidez sexual.

• Ideas de muerte.

Ahora bien, la depresión o, mejor dicho, el trastorno del estado de ánimo tiene múltiples manifestaciones; entre ellas:

1. Trastorno depresivo mayor: es cuando la tristeza es lo suficientemente dominante, que provoca apatía, y algunas de las manifestaciones ya mencionadas, como la ausencia de apetito entre otras.

2. Distimia: se vincula con la inestabilidad del sentido del humor, ansiedad y cambios constantes del estado de ánimo; una gran señal es la baja autoestima y la desesperanza.

3. Trastorno ansioso-depresivo: es una mezcla de ansiedad y depresión.

4. Depresión atípica: se caracteriza por la reacción depresiva ante situaciones diversas, mucha ansiedad, síntomas depresivos, aumento de apetito e hipersomnia (es decir dormir en exceso).

5. **Trastorno afectivo estacional: aparece regular y repetidamente entre otoño e invierno, y está muy** asociado a los cambios de temperatura.

6. Somnolencia: fatiga, cansancio constante sin **ninguna causa.**

7. Trastorno bipolar: episodios depresivos "graves" seguidos con manías, hiperactividad, gastos descontrolados, irritabilidad.

8. Ciclotimia: depresión leve, imprevisible; se vislumbra al cambio repentino del estado de ánimo; es inestabilidad emocional.

Una de las verdades más incómodas en esta enseñanza es que cualquier persona puede estar sufriendo algún tipo de depresión y haberse acostumbrado de tal modo a la tristeza que para ellos su vida es normal y no necesitan ayuda; y otros que pueden estar tan hundidos en algún tipo de depresión que hasta les cuesta trabajo identificar la causa de esta; no obstante, entendamos esta realidad: los trastornos no se edifican sobre el vacío; toda estructura tiene un principio incluyendo el mal, aunque también es verdad que todo lo que tiene un principio puede tener un final.

La depresión es muy complicada. Es mejor carecer de muchas cosas y tener paz, que tenerlo todo y estar deprimido. ¿Por qué? Porque la depresión no camina sola; hay dos compañeras que van con ella donde quiera que está; estas son: *enfermedad y muerte.* Por lo tanto, si alguien llega a la conclusión de que está pasando por un proceso depresivo, lo primero que debe entender es que necesita ayuda, "amigos, familia, consejeros, **terapeutas, pero sobre todo necesita a Dios".**

Una de las grandes verdades que he aprendido en este camino es que cuando tu corazón está herido, debes ir donde el que lo creó, y preguntarle qué debes hacer para

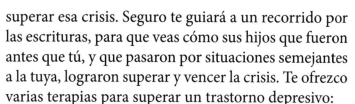

superar esa crisis. Seguro te guiará a un recorrido por las escrituras, para que veas cómo sus hijos que fueron antes que tú, y que pasaron por situaciones semejantes a la tuya, lograron superar y vencer la crisis. Te ofrezco varias terapias para superar un trastorno depresivo:

1. Orar es la herramienta más poderosa contra la depresión: Jesús dijo:

> **Marcos 14:34 Mi alma está muy triste, hasta la muerte; quedaos aquí y velad. 35 Yéndose un poco adelante, se postró en tierra, y oró que si fuese posible, pasase de él aquella hora.**

La oración que debe hacerse cuando se está bajo el ataque de la tristeza no debe ser una oración cualquiera, ya que, en honor a la verdad, cualquier persona ora, pero no todo el que cree que está orando, en realidad ora. Me explico: la efectividad de la oración no está en la acción de orar, sino en la comunión del que ora; es decir: si no hay comunión la oración no es legal, y por lo tanto, el que ora no será escuchado.

¿Qué da legalidad a la oración?

1. Creer en quien estas invocando.

2. Practicar obras de justicia "dando a Dios lo de Dios y a César lo de César"

3. Obedecer los lineamientos que Dios te prescribe por medio de su palabra, la voz profética, la revelación del Espíritu.

4. Santificarte: separarte del elemento que te está destruyendo puede ser muy doloroso, pero en este proceso

te alejarás del mal y te acercarás al bien por lo tanto la transición será gratificante.

Orar es más que el tiempo que pasamos de rodillas; es la condición espiritual en la que estamos cuando nos ponemos de rodilla. Por ejemplo: si tú no crees, tu oración es pasatiempo; si tú no tienes justicia, tu oración no tiene legalidad; si no obedeces la palabra, tu oración es rebelde; si no te santificas, tu oración es profana. Por lo tanto, si no crees, no haces obras de justicia, no obedeces, no te santificas, ¿cómo crees que Dios va a escuchar tus oraciones? Por eso, si reconozco que no estoy en condición para orar y ser escuchado, hay una oración que Dios escuchará y te dará acceso a Él: es la oración de arrepentimiento; entonces te humillas, reconoces que no eres quien deberías ser, te arrepientes (este es el primer paso de la fe) y luego te propones obedecer. Entonces Dios te escuchará.

La Biblia dice:

Juan 9:31 Y sabemos que Dios no oye a los pecadores; pero si alguno es temeroso de Dios, y hace su voluntad, a ese oye.

En el evangelio de Lucas 22:45-46 Nuestro Señor Jesús dice que se levantó de la oración, encontró a sus discípulos durmiendo "a causa de la tristeza" y les dijo: *¿Por qué duermen? Levántense y oren para que no entren en tentación.* Lucas nos revela que la depresión puede hacer que las personas duerman mucho, trabajen poco, sean poco productivas y caigan en tentaciones. El Señor nos enseña que orar es una herramienta para luchar contra la tristeza, porque el que esta triste puede caer en cualquier tentación. El apóstol Santiago recomienda en el capítulo 5:13 *¿Está alguno entre vosotros afligido? Haga oración. ¿Está alguno alegre? Cante alabanzas.*

Otro elemento importante luego de la oración es:

Invierte bien el tiempo:

- Estudia las escrituras, haz cursos que añadan valor a tu estilo de vida; pueden ser cursos técnicos, añadirle un diplomado a tu carrera, etc.

- Practica alguna rutina que te inspire (ejercicios, deportes, etc.). Los ejercicios ayudan a contrarrestar los efectos de la depresión. Practicar algún deporte. Son acciones muy inteligentes en contra de este mal.

Ejemplos bíblicos

Muchos personajes en la Biblia pasaron por episodios depresivos y asimismo salieron de esas situaciones. Conocer y entender el proceso que pasaron puede ser muy beneficioso para quienes sufren episodios depresivos.

I. Nuestro Señor y Salvador Jesucristo

Mateo 26:36-38 Entonces llegó Jesús con ellos a un lugar que se llama Getsemaní, y dijo a sus discípulos: Sentaos aquí, entre tanto que voy allí y oro. Y tomando a Pedro, y a los dos hijos de Zebedeo, comenzó a entristecerse y a angustiarse en gran manera. Entonces Jesús les dijo: Mi alma está muy triste, hasta la muerte; quedaos aquí, y velad conmigo.

Jesús les dijo a sus discípulos: "Mi alma está muy triste, hasta la muerte". Nuestro maestro no se apenó al decirle a sus seguidores que estaba deprimido, no sintió vergüenza por expresar la situación en la que se encontraba; dice que comenzó a entristecerse delante de sus amigos y les expresó: "Mi alma está triste, hasta la muerte".

Jesús estaba experimentando un nivel de tristeza tan fuerte que las Escrituras registran que comenzó a sudar sangre. Científicamente hablando, Jesús tuvo un episodio de *hematohidrosis,* una afección en la cual los vasos sanguíneos capilares que alimentan las glándulas sudoríparas se rompen, provocando que exuden sangre, y ocurre en condiciones de estrés físico o emocional extremo. Estas personas pueden estar a un paso de un infarto cardiaco; sin embargo, Jesús, en ese nivel de tristeza hizo dos cosas:

1. Se lo dijo a sus amigos: La Biblia dice en marcos 14:33-35 que tomó consigo a Pedro, Jacobo y Juan y comenzó a entristecerse y a angustiarse delante de ellos; es decir, abrió su corazón ante sus amigos. Debes tener amigos a quienes comunicarle cómo te sientes. Esto es importante porque ellos velarán por ti, te darán compañía, orarán contigo y te apoyarán.

2. Se apartó de ellos para orar. No solo te apoyes en tus amigos; ellos no podrán soportar la presión de tu tristeza. Pon tus cargas en las manos de Dios por medio de la oración.

Nuestro Señor tenía razones para estar muy triste, pues había visto el futuro:

- Judas entregándolo.

- Los testigos falsos acusándolo.

- Los líderes escupiendo su rostro.

- Los soldados golpeando su cabeza y poniéndole una corona de espinas.

- El pueblo negándole y pidiendo su muerte.

- A Pilato lavándose las manos y enviando a crucificarle.

- Los soldados rasgando su espalda y lacerándolo.

- Llevando su propia cruz.

- Siendo clavado en ella.

- Clavándole una lanza en su costado.

- Y viendo el momento en que la presencia del Padre se apartaría de él.

II David

David pasó un proceso depresivo muy fuerte. Él expresa en el salmo 51:5: *"He aquí, en maldad he sido formado. Y en pecado me concibió mi madre"*.

Hay varias interpretaciones de este pasaje:

- Algunas fuentes ortodoxas dicen que David se estaba refiriendo a la inclinación al mal que tienen todos los hombres.

- Otros dicen que David es el resultado de un adulterio cometido por Isaí, con una joven soltera que tal vez no era su concubina.

- Muchos exegetas dicen que David hizo esta declaración porque era el hijo de la concubina de Isaí, pero no el resultado de un adulterio; por lo tanto, aunque David era hijo legítimo de Isaí, no disfrutaba de ese privilegio por ser hijo de una concubina, razón por la que era menospreciado por sus hermanos. Esta pudo haber sido la causa por la que David dijo: "en pecado fui concebido". También es la razón por la que siempre lo tenían excluido; incluso cuando Samuel fue a ungir a uno de los hijos de Isaí, entre los presentados no estaba David…

Por lo tanto, podemos ver a un joven que había sentido el rechazo de sus parientes desde muy temprana edad. Personalmente, creo que cuando una persona está marcada por Dios para cosas grandes, los ataques contra esa persona comienzan desde muy temprana edad. Satanás procura dañar el propósito de esa persona desde su lugar más importante: el corazón. Por eso, si no cae en raíz de amargura procura hundirlo en la depresión.

David fue perseguido por sus hermanos, compañeros de guerra, y el rey Saúl, a quien él fue fiel y leal. A este historial de luchas y amarguras se añade el hecho de que David termina cometiendo el mismo pecado que algunos creen cometió su padre. Esto nos revela una gran verdad: hay situaciones que pueden tener incidencia generacional, y es muy posible que las crisis que vivió David, de alguna manera hayan sido una réplica de situaciones que había vivido Isaí, incluyendo su vida sexual. Al final, David cae en adulterio y se hunde aún más cuando testifica en el salmo 34: "Mientras callé se envejecieron mis huesos en mi gemir todo el día".

Es decir, se sintió destruido por dentro, y ese pecado provocó en David una gran depresión. ¿Lo sabias? Una de las depresiones más intensas que pueden atacar a un hombre de Dios es cuando este cae de la gracia. David vivió los efectos depresivos de una caída, pero también vivió los efectos colaterales del pecado, entre los cuales se incluye el castigo:

- El hijo que nace del adulterio muere.

- La espada del juicio entra a su casa.

- Amnón, hijo de David, viola a su hermana Tamar.

- Absalón mata a su hermano Amnón por lo que hizo.

- Absalón procura dar un golpe de Estado a su padre David.

- Joab, general de David, mata a Absalón.

Todo esto David lo vivió en carne viva, y el trauma provocado por tanto dolor lo redujeron a un nivel muy elevado de infelicidad.

Esta es la razón por la que David dice en **Salmos 38:4: "Mis iniquidades se han agravado sobre mi cabeza; como carga pesada se han agravado sobre mí".**

En pocas palabras: "Estoy cargado, depresivo, triste".

¿Qué hizo David para superar esta crisis?

1. Esperó en Dios:

Salmos 42:11
¿Por qué te abates, oh alma mía,
y por qué te turbas dentro de mí?
Espera en Dios; porque aún he de alabarle,

Salvación mía y Dios mío.

En este pasaje, David hace dos preguntas a su alma:

a) *¿Por qué te abates?* Abatir es tirar o hacer caer a alguien, golpear hasta dejar sin fuerzas para sostenerse de pie.

b) *¿Por qué te turbas dentro de mí?* ¿No sabes que mientras pueda adorarle hay esperanzas? Solo espera en Dios…

Esta respuesta David la encuentra en *Salmos 40: 1-2:*

> *Pacientemente esperé a Jehová, y se inclinó a mí, y oyó mi clamor. Y me hizo sacar del pozo de la desesperación, del lodo cenagoso. Puso mis pies sobre peña, y enderezó mis pasos.*

2. Creyó en la bondad de Dios:

> *Salmos 27:13-14 Hubiera yo desmayado, si no creyese que veré la bondad de Jehová, en la tierra de los vivientes. Aguarda a Jehová; esfuérzate, y aliéntese tu corazón. Sí, espera a Jehová.*

III Job

Job perdió sus hijos, sus bienes y además contrajo una enfermedad que en ese tiempo no tenía cura. Algunos de sus amigos intentaron animarlo, otros lo acusaron; pero Job nunca se atrevió a negar ni rechazar a Dios. Durante ese tiempo se hizo muchas preguntas y llegó al punto en el que deseó no haber nacido. El desear la **muerte revela un nivel depresivo muy profundo** (Job

3: 2-4,13).

No obstante, el patriarca mantuvo la esperanza, que se hace evidente en la declaración profética del capítulo 19.

Job 19: 25 Yo sé que mi Redentor vive, y al fin se levantará sobre el polvo; 26 Y después de deshecha esta mi piel, en mi carne he de ver a Dios;

Esta declaración indica que, en medio de su depresión, Job nunca perdió la esperanza, y por ello tampoco perdió su vida.

Job 42:12 Y bendijo Jehová el postrer estado de Job más que el primero.

IV Jeremías

A Jeremías se le conoce como el profeta llorón. Esto se debe a que solía llorar frecuentemente y sus discursos eran tristes. Dios le había encomendado llevar su mensaje a la gente, pero nadie le hacía caso. Él vivía solo y se entiende que no tenía familia. Además, era pobre y rechazado por los demás. Si bien es un ejemplo de fe y fortaleza, también tuvo momentos de angustia. Al igual que Job, maldijo el día de su nacimiento y se preguntaba la razón de su existencia.

Jer. 20: 14-18 Maldito el día en que nací; (A) el día en que mi madre me dio a luz no sea bendito. Maldito el hombre que dio nuevas a mi padre, diciendo: Hijo varón te ha nacido, haciéndole alegrarse así mucho. Y sea el tal hombre como las ciudades que asoló Jehová, y no se arrepintió; oiga gritos de mañana, y voces a mediodía, porque no me mató en el vientre, y mi madre me hubiera sido mi sepulcro, y su vientre embarazado para siempre. ¿Para qué salí del vientre? ¿Para ver trabajo y dolor, y que mis días se gastasen en afrenta?

Sin embargo, al final, Jeremías vio cada una de sus profecías cumplidas, a tal nivel, que hasta sus enemigos lo respetaron; cuando destruyeron la ciudad, preservaron la vida de Jeremías y de los más humildes del pueblo.

V Judas

Otro personaje bíblico que sufrió depresión fue Judas. No obstante, a diferencia de los que ya he mencionado, Judas nunca salió de la depresión, sino que esta fue la causa de su muerte. (Mateo 27:3- 5) nos enseña que su remordimiento fue tal que no pudo lidiar más con su dolor y terminó con su vida. Es increíble pero cada caso de tristeza que vemos en la Biblia nos enseña que este mal puede afectar a cualquiera. Sin embargo, cada testimonio de personas que pasaron por el trauma de la depresión nos recuerda que para quien confía en Dios, reconoce su situación y pide ayuda, siempre hay esperanza.

Qué dice la Biblia para enfrentar este sentimiento

Deuteronomio 31: 6 y 8 Esforzaos y cobrad ánimo; no temáis, ni tengáis miedo de ellos, porque Jehová tu Dios es el que va contigo; no te dejará, ni te desamparará. 8 Y Jehová va delante de ti; Él estará contigo, no te dejará, ni te desamparará; no temas ni te intimides.

Aquí Moisés le da a Josué algunos consejos importantes:

- Esfuérzate y cobra ánimo.
- No temas ni tengas miedo.
- Dios no te dejará ni te desamparará.
- Dios va delante de ti.
- No te intimides.

En Salmos 34:17- 18 nos da otra herramienta importante:

Claman los justos, y Jehová oye, y los libra de todas sus angustias. Cercano está Jehová a los quebrantados de corazón; y salva a los contritos de espíritu.

Este pasaje nos revela que los justos deben clamar "porque el Señor les oye", pero no solo está dispuesto a escuchar a los justos, sino también a los "quebrantados de corazón"; es decir, a los que están tristes.

Pedro nos recuerda:

1Pedro 5: 6-7 "Humillaos, pues, bajo la poderosa mano de Dios, para que Él os exalte cuando fuere tiempo; echando toda vuestra ansiedad sobre Él, porque Él tiene cuidado de vosotros".

Pedro nos recomienda que debemos humillarnos ante Dios; es decir, reconocer nuestros defectos, debilidades, flaquezas y sobre todo nuestra situación; en ese momento debemos "poner en Dios nuestras ansiedades" porque "Él tiene cuidado" de nosotros.

Al final te darás cuenta de que este proceso que has pasado tiene un propósito: descubrir ese propósito es tu tarea, ya que formas parte del plan divino y Dios te ha marcado como instrumento para bendecir a otros. No te encierres en ti. Pablo dijo: la aflicción del tiempo presente no se puede comparar en nada a la gloria que vendrá después de ella (Rom. 8:18). El futuro está delante de ti, no depende de las tinieblas, ni del mal contra el cual estás luchando; tu futuro está en las manos de tu Señor. No olvides que el Dueño de la Vida:

- Te ama.

- Te considera su especial tesoro.

- Esta cerca de ti.

- Tiene cuidado de ti.

- Tiene planes contigo.

- En el momento indicado te exaltará.

- Oye tus oraciones.

- Te ha dicho: "No temas ni te intimides, Yo estoy contigo".

- Te entiende: "Jesús se sintió tan triste como tú" y sabe el dolor que estás pasando.

Sobre todo, no olvides que ese proceso terminará y que, al final, esa crisis que te está matando será un simple recuerdo de una historia que ya pasó.

Pablo nos dice:

Filipenses 3:13 Hermanos, yo mismo no pretendo haberlo ya alcanzado; pero una cosa hago: olvidando ciertamente lo que queda atrás, y extendiéndome a lo que está delante, 14 prosigo a la meta, al premio del supremo llamamiento de Dios en Cristo Jesús.

El consejo es claro: Olvida lo que está detrás y extiéndete a lo que está delante. La vida que Dios te ha dado es preciosa; valórala, cuídala y cumple el propósito por el cual estas en esta tierra.

Capítulo 4

Sabiduría vs. ímpetu

La sabiduría es inteligencia emocional;
el ímpetu es ausencia de esta.

La sabiduría te libera; el ímpetu te destruye

Génesis 49: 1-4; 22-25 Y llamó Jacob a sus hijos, y dijo: Juntaos, y os declararé lo que os ha de acontecer en los días venideros. Juntaos y oíd, hijos de Jacob, y escuchad a vuestro padre Israel. Rubén, tú eres mi primogénito, mi fortaleza, y el principio de mi vigor; principal en dignidad, principal en poder. Impetuoso como las aguas, no serás el principal, por cuanto subiste al lecho de tu padre. Entonces te envileciste, subiendo a mi estrado. 22-25 Rama fructífera es José, Rama fructífera junto a una fuente, cuyos vástagos se extienden sobre el muro. Le causaron amargura, le asaetearon, y le aborrecieron los arqueros; más su arco se mantuvo poderoso, y los brazos de sus manos se fortalecieron. Por las manos del Fuerte

> *de Jacob [por el nombre del Pastor, la Roca*
> *de Israel], por el Dios de tu padre, el cual te*
> *ayudará, por el Dios Omnipotente, el cual te*
> *bendecirá con bendiciones de los cielos de arri-*
> *ba, con bendiciones del abismo que está abajo,*
> *con bendiciones de los pechos y del vientre.*

Este pasaje revela el testimonio de dos hombres que actuaron de forma distinta ante una situación similar: Rubén y José, ambos hijos de Jacob y coherederos de la bendición sacerdotal. Rubén era el hijo primogénito y José era uno de los menores. Sin embargo, el día en que Jacob bendijo a sus hijos antes de morir, encontró que Rubén había perdido la primogenitura y que a José se le había asignado el doble. La causa del fracaso de Rubén fue el ímpetu, y de la bendición de José fue su sabiduría.

Ímpetu vs. sabiduría

Ímpetu: Se puede definir como una acción precipitada y violenta provocada por la inflexibilidad del razonamiento; es decir, la incapacidad de pensar en la consecuencia de las acciones emocionales.

Sabiduría: Se puede definir como la evidencia de una acción mental. Esta se asocia con conocimiento, pero no se alcanza por los méritos de este. La palabra sabiduría viene del hebreo JOJMÁ, y se revela como una de las manifestaciones divinas que se vincula incluso con el comienzo de un pensamiento. La sabiduría tiene el poder de acercarte a Dios al entender sus méritos y las asignaciones divinas para obrar en justicia.

La sabiduría y el ímpetu no son aliados. La sabiduría es mejor que el oro refinado; el ímpetu es peor que la lepra. El sabio tiene control de sí; el impetuoso pierde el control. La sabiduría está vinculada con una conducta apropiada ante los ojos de Dios y los hombres; es simplemente amar a Dios sobre todas las cosas y al prójimo como a sí mismo. Es por eso que el principio de la sabiduría es el temor a Dios (Prov. 1:7).

La Biblia dice:

1Co. 1:30 Más por él estáis vosotros en Cristo Jesús, el cual nos ha sido hecho por Dios sabiduría, justificación, santificación y redención.

Lo que Pablo quiere revelar en este pasaje es que los cuatro elementos más importantes para la salvación son: sabiduría, justificación, santificación y redención.

• La *sabiduría* es la conducta apropiada ante Dios y los hombres.

• La *justificación* es la respuesta divina ante la conducta sabia de un hombre que se aparta del mal, para ser vestido por la justicia divina.

• La *santificación* es la acción divina de señalar, separar, resguardar al hombre que está bajo su cobertura.

• La *redención* es el precio pagado por el Todopoderoso para que un hombre tenga acceso a esta gracia, **pudiendo elegir entre el bien y el mal,** siendo justificado y santificado a consecuencia del sacrificio de nuestro Señor y salvador Jesucristo.

Proverbios 9:1 La sabiduría edificó su casa,

labró sus siete columnas.

Este pasaje habla de la personificación de la sabiduría, y revela la sabiduría como una manifestación divina, que ha edificado una casa y en ella ha labrado siete columnas.

¿Quién es la sabiduría? Jesús.

¿Qué representan las siete columnas? El Espíritu del Padre que sostiene la casa.

¿Y cuál es la casa? Es la iglesia, que al ser edificada por la sabiduría, es sostenida por su Santo Espíritu.

Estoy convencido de que la sabiduría en el ser humano no está limitada a la investigación (aunque la investigación forma parte de ella), ni la inteligencia constituye la naturaleza de un sabio. En esencia no solo se revela por los méritos de saber hablar, sino también por los méritos de saber callar. No en vano la Biblia dice:

> Proverbios 17:27- 28 El que ahorra sus palabras tiene sabiduría; de espíritu prudente es el hombre entendido. Aun el necio, cuando calla, es contado por sabio; el que cierra sus labios es entendido.

Sin embargo, hay un momento cuando hablar es para sabios. Hay personas que dicen: "Yo no tengo problemas con decir la verdad". Sin embargo, la verdad hay que saber cómo,cuando y donde decirla. La verdad debe ser expresada por medio del filtro de la sabiduría; es decir, el temor a Dios y el respeto a tu prójimo que al verlos desde un enfoque empático deberíamos entender cómo pueden afectarle nuestras palabras. Es por esto que el silencio es mejor que una simple acción impetuosa, pues esta puede hacer ver como necio aun al mismo sabio.

Santiago pregunta:

> *Santiago 3:13-17 ¿Quién es sabio y entendido entre vosotros? Muestre por la buena conducta sus obras en sabia mansedumbre. Pero si tenéis celos amargos y contención en vuestro corazón, no os jactéis, ni mintáis contra la verdad; porque esta sabiduría no es la que desciende de lo alto, sino terrenal, animal, diabólica. Porque donde hay celos y contención, allí hay perturbación y toda obra perversa. Pero la sabiduría que es de lo alto es primeramente pura, después pacífica, amable, benigna, llena de misericordia y de buenos frutos, sin incertidumbre ni hipocresía.*

Santiago está diciendo: si eres sabio, muéstralo por medio de una conducta buena; pero si eres celoso, además contencioso y dices que eres sabio, estás mintiendo contra la verdad (Jesús), porque tu sabiduría no es la que desciende de lo alto. Santiago aquí está revelando que la sabiduría tiene varias manifestaciones:

1. La que desciende de lo alto: todo aquel que acciona con justicia y nobleza está manifestando una conducta celestial; todo aquel que habla verdad, todo aquel que hace el bien, está manifestado acciones del cielo. En contraparte, todo aquel que manifiesta acciones malignas, dañinas, destructivas, está manifestando acciones terrenales.

2. La terrenal: la sabiduría terrenal se puede subdividir en tres manifestaciones:

a) Humana: Se relaciona con las cualidades naturales del hombre para poder adaptarse al sistema al que pertenece, hablar un idioma, aprender un oficio; se asocia con la inteligencia, pero no más.

b) Animal: Es intuitiva y se manifiesta como el impulso de satisfacer las necesidades propias aun por encima de la de los demás.

c) Diabólica: Es maligna y va acompañada del celo, la envidia, el deseo de ser lo que otros son o tener lo que otros tienen; va acompañada de la astucia y es capaz de sentir satisfacción dañando a otros.

Ahora bien, quiero señalar el punto de "la astucia", ya que podemos decir que la astucia es la contraparte más radical de la sabiduría. La Biblia afirma que la serpiente era astuta; en 2Samuel 13:3 dice que Amnón, el hijo de David tenía un amigo que se llamaba Jonadab (su primo), que era hombre muy astuto; el consejo de Jonadab llevó a Amnón a actuar con ímpetu por un deseo desordenado que trajo como resultado que este violara a su propia hermana, Tamar, y terminara siendo asesinado por Absalón en un arrebato de ímpetu.

Por eso Santiago nos revela que la sabiduría tiene dos manifestaciones: "la que desciende de lo alto y la que sube del abismo". La que desciende de lo alto, no tiene raíces, no tiene celos, no tiene envidia, no persigue, no provoca contienda. Luego nos presenta la que sube de abajo; esta opera bajo la atmósfera del odio, la envida, el egoísmo; tiene el potencial de matar, destruir e incluso crear males.

Los niveles de sabiduría establecen límites en la vida de un hombre. Los límites se van a materializar dependiendo del tipo de sabiduría que te dirija y los niveles que tengas en ella. Nosotros existimos entre los límites de la sabiduría, y en estos niveles hay límites hacia el bien y limites hacia el mal. Existen estructuras malignas a las que tú tienes acceso, y estructuras malignas que ni siquiera tú las puedes imaginar. De igual manera hay prácticas nobles enfocadas al bien a las que tenemos acceso y hay prácticas que ni siquiera nos pasan por la cabeza, por ejemplo: matar tal vez está más abajo de tu límite mínimo, así como robar, adulterar, ser drogadicto, etc. Pero también dar todos tus bienes a los pobres, tal vez está sobre tus límites máximos, diezmar, ayudar a alguien, etc. Sin embargo, la sabiduría de Dios te hace estar encima; no descender. Marca tu naturaleza; si profundizas en ella harás cosas buenas que ni te imaginas, pero si te alejas de ella, la contraparte te hará romper límites inferiores y te llevará a hacer cosas malas que no te imaginas.

Hay personas que profundizan tanto en niveles de maldad, que cometen errores y luego dicen: ¿Cómo lo hice? Cayeron en niveles de maldad muy bajos y se transformaron a sí mismos en violadores, asesinos, delincuentes. ¿Qué pasó? Dejaron de acceder a niveles espirituales y comenzaron a descender a niveles de maldad. En este camino no hay términos medios: te elevas o te caes, subes o desciendes, vives o mueres, eres fuerte

o débil, te acercas a Dios o al diablo, y punto.

El caso de Rubén

Esta es la experiencia de Rubén, el hijo mayor de Jacob. Se desconectó de la sabiduría, fue movido por su ímpetu y cometió errores que le costaron más que la satisfacción que recibió al romper las reglas. Su padre le dijo: "Rubén, tú eres mi primogénito, mi fortaleza, y el principio de mi vigor; principal en dignidad, principal en poder; impetuoso como las aguas, no serás el principal. Por cuanto subiste al lecho de tu padre, entonces te envileciste, subiendo a mi estrado".

Jacob reconoce los méritos de Rubén:

- Primogénito.

- Fortaleza.

- Principal en dignidad.

- Principal en poder.

Luego señala su gran debilidad.

- Impetuoso como las aguas.

Se puede notar que los méritos de Rubén eran muchos y su gran defecto uno solo. El problema es que el ímpetu es ausencia de inteligencia emocional y una sola acción de ímpetu puede opacar toda una vida de virtudes. Por esto, a Rubén su gran defecto le costó todo aquello que podía recibir por los méritos de sus virtudes. Me refiero a la herencia del primogénito y nada pudo devolverle lo que ya había perdido. Me imagino a Jacob diciendo a Rubén: eres impetuoso como las aguas, precipitado, violento, tienes cosas buenas, pero has perdido la bendición por no resolver tus problemas de ira; cuando te enojas te nublas y te olvidas de lo que puedes perder.

Cuantas personas que portan grandes méritos hoy día están dejando de disfrutar las promesas divinas por no controlar sus emociones. Personas muy inteligentes se dejaron provocar por Satanás y echaron a un lado los méritos de la sabiduría, razón por la que terminaron llorando con amargura.

Por eso Rubén lloró, Esaú lloró, Caín lloró, Joab lloró; fueron muchas las personas citadas en la Biblia que tomaron decisiones movidas por emociones negativas, impetuosas, y terminaron pagando el precio. Definiti-vamente, al ímpetu hay que quebrantarlo. Procura no permitir que te gobiernen las emociones, para no decir o hacer algo que luego te pese, Herodes, bajo la alegría del vino, le dijo a la joven que le danzó: "Pídeme lo que quieras, hasta la mitad de mi reino", y ella le pidió la cabeza de Juan el Bautista.

La Biblia dice:

Eclesiastés 5:6 No dejes que tu boca te haga pecar, ni digas delante del ángel, que fue ig-norancia. ¿Por qué harás que Dios se enoje a causa de tu voz, y que destruya la obra de tus manos?

El pecado de Rubén no fue tomado como pecado de ignorancia; el pecado de Rubén fue movido por la ira. Se concluyó exegéticamente que Rubén había sufrido la situación provocada ante la realidad de que Jacob amó más a Raquel que a Lea "su madre". Cuando Raquel muere para evitar que la atención de Jacob se vuelque sobre Bilha, que era la sierva de Raquel, lo que hizo fue que la profanó sexualmente para que su padre no la volviese a tocar. Bilha que era la concubina de Jacob, ya le había dado dos hijos (Dan y Neftalí), y aunque por ser sierva de Raquel los hijos se le contaban a su ama, tuvo dos hijos del patriarca. Sin embargo, cuando Rubén profana el lecho de su padre, Jacob decidió no volver a tocar a Bilha.

Según un pensamiento teológico exegético, a Jacob le faltaban dos hijos que posiblemente llegarían a través de Bilha, pero al Rubén afectar la relación entre Jacob y su concubina, lo que Jacob hace es adoptar a los dos hijos de José.

Me llama la atención que la corrección no vino de una vez, sino años después; esta es una verdad que muchos ignoran: los pecados no resueltos "guardan factura", y al ser cobrada hace que los sabios se vean viles.

Sin embargo, en el mismo momento que Rubén pierde la primogenitura, José recibe el doble de la bendición. Para ti puede resultar increíble, pero la realidad es que el mismo acontecimiento los probó a los dos. José fue sabio y no se dejó dominar por el ímpetu; Rubén era sabio, pero su ímpetu pudo más que él.

Génesis 35: 16-19 dice que Raquel murió, pero revela un detalle inquietante. La Biblia dice que "fue sepultada en el camino"; es decir, no se detuvieron, no la llevaron a su tierra de nacimiento, no la pusieron en el sepulcro con Sara la primera matriarca. José estuvo al tanto de todo, fue algo muy doloroso; él pudo haber confrontado a Jacob, pero decidió guardar silencio.

Luego la Biblia dice:

Génesis 47: 29- 30 Y llegaron los días de Israel para morir, y llamó a José su hijo, y le dijo: Si he hallado ahora gracia en tus ojos, te ruego que pongas tu mano debajo de mi muslo, y harás conmigo misericordia y verdad. Te ruego que no me entierres en Egipto. Mas cuando duerma con mis padres, me llevarás de Egipto y me sepultarás en el sepulcro de ellos. Y José respondió: Haré como tú dices.

José no le hizo ningún reclamo a su padre; no le dijo: ¿Por qué no pensaste lo mismo cuando murió mi madre? El mismo día de la muerte de Raquel, ese día, Rubén perdió la primogenitura; ese mismo día José rehusó dejarse gobernar por el mismo espíritu que venció a Rubén, y por ello recibió el doble de la bendición.

Esto que te digo tiene fuerza bíblica. Veamos en Génesis 48:5 cuando Jacob decide bendecir a José y le explica por qué:

Génesis 48: 5-7 Y ahora tus dos hijos Efraín y Manasés, que te nacieron en la tierra de Egipto, antes que viniese a ti a la tierra de Egipto, míos son; como Rubén y Simeón, serán míos. Y los que después de ellos has engendrado, serán tuyos; por el nombre de sus hermanos serán llamados en sus heredades. Porque cuando yo venía de Padan-aram, se me murió Raquel en la tierra de Canaán, en el camino, como media legua de tierra viniendo a Efrata; y la sepulté allí en el camino de Efrata, que es Belén.

¿Se entiende lo que Jacob le está diciendo a José? Lo voy a parafrasear: te tomé a tus dos hijos porque los bendeciré en lugar tuyo, y así recibirás el doble de bendición; ellos serán bendecidos como primogénitos, porque cuando se me murió Raquel y la sepulté en el camino, no hiciste nada, lo soportaste, tuviste control de tus emociones, pero Rubén no se controló.

La Biblia dice:

> *Proverbios 16:32 Mejor es el que tarda en airarse que el fuerte; Y el que se enseñorea de su espíritu, que el que toma una ciudad.*

¿Y tú? ¿Hasta cuándo dejarás de perder el control por situaciones triviales? ¿Hasta cuándo dejarás de ser controlado por la ira? No permitas que tu matrimonio sufra las consecuencias de tu ímpetu, ni tus hijos, ni tus empleados. Hay momentos en que hay que ser como José; hay que saber cuál es el tiempo de callar y también cuál es el tiempo de hablar.

David dijo:

> *Salmos 37: 7-9 Guarda silencio ante Jehová, y espera en él. No te alteres con motivo del que prospera en su camino, por el hombre que hace maldades. Deja la ira, y desecha el enojo. No te excites en manera alguna a hacer lo malo.*

Porque los malignos serán destruidos, pero los que esperan en Jehová, ellos heredarán la tierra.

Esto es sabiduría:

- Guarda silencio y espera en Dios.

- No te alteres por el hombre que hace maldades.

- Deja la ira, desecha el enojo.

- No te excites a hacer lo malo.

- Entiende que los malignos serán destruidos, pero los que esperan en Dios "heredarán la tierra".

Capítulo 5

Inteligencia y los tres tipos de caída

El fracaso puede ser visto como aprendizaje cuando forma parte inherente del éxito; de lo contrario, siempre estará conectado con la ausencia de inteligencia emocional.

Proverbios 16:18 Antes del quebrantamiento es la soberbia. Y antes de la caída, la altivez de espíritu.

Todos los seres humanos, independientemente de su cultura, lenguaje, estatus social, portan el depósito divino. Como dirían en nuestro lenguaje popular, "todo el mundo tiene lo suyo"; cada ser humano tiene su gracia y la gracia no es vana; la gracia es productiva.

Ahora bien, esa producción de la gracia es la que se puede medir en el contexto social como éxito; sin embargo, el éxito tiene escalas, es decir, se puede medir y evaluar, tal vez en la escala del 1 al 10 siendo 1 lo mínimo y 10 lo máximo. Tener el mínimo no significa que no se tuvo éxito; el punto es que aún lo mínimo no deja de ser positivo, y aunque la meta siempre es lo máximo, todo éxito desde la escala mínima a la máxima provocará acciones contrarias, las cuales poco o mucho nos afectarán.

El contraataque es simplemente la respuesta adversa de las tinieblas contra el instrumento del propósito divino. El adversario persigue neutralizar el desarrollo y el crecimiento de alguien que se ha levantado para cumplir su asignación de vida. Entre los propósitos básicos que el adversario quiere neutralizar, para dañar a los hombres, puedo señalarte los tres más importantes:

1. La familia: "ningún éxito en la vida puede compensar el fracaso familiar". En otras palabras, no vale la pena tener éxito si este te desconecta del círculo familiar, ya que en ese caso el éxito no tiene sentido. Esta es la razón por la que el primer indicativo de éxito para cualquier persona debe estar vinculado a su hogar.

2. El ministerio: la palabra ministrar se traduce como 'servir', funcionar en beneficio de otros; su propósito desde el contexto bíblico se relaciona con dar gloria a Dios, salvar a los perdidos y edificar el cuerpo de Cristo que es la iglesia. Por lo tanto, todo proyecto ministerial es una amenaza al reino de las tinieblas, y claro que recibirá ataques.

3. Los proyectos que generan riquezas: estos consisten en levantar estructuras que generan recursos que afectan positivamente el estatus social de una persona y, por ende, repercute positivamente en el bienestar de la congregación. Al maligno no le conviene que prosperemos, porque nuestra abundancia se proyectará

provechosamente en beneficio de nuestras familias y la obra de Dios.

Ahora bien, la respuesta de las tinieblas al éxito de los hijos de Dios se llama contraataque; sin embargo, ¿te has puesto a pensar dónde comienzan los ataques contra el éxito? Es increíble, pero todo comienza en el mismo lugar donde están los depósitos que nos llevan al éxito, "el corazón" y según el texto de inicio, hay dos elementos que se revelan antes del quebrantamiento y la caída.

El primer elemento es:

1. La *soberbia:* Una de las palabras que define soberbia es FUSIOSIS, que se traduce como 'hinchamiento, engrandecimiento'; es sinónimo de envanecimiento; es simplemente exhibir la arrogancia. La soberbia es un ataque silencioso que está vestido de éxito.

A la soberbia la acompaña el segundo elemento:

2. *La altivez de espíritu:* Se revela como un "sentimiento" de superioridad espiritual que algunas personas, luego de que han crecido, sienten tener sobre sus subordinados. Este sentimiento se revela como la acción de maltratar y oprimir a las personas que las rodean. Estos hombres que han tenido éxito y han logrado materializar una realidad que era invisible dentro de ellos, terminan maltratando a sus beneficiarios directos: esposas, esposos, hijos, compañeros ministeriales, empleados, etc. Por esto su éxito nunca es real, pues las cosas que en realidad son importantes nunca prosperan en sus manos. La inteligencia emocional se activa como

la capacidad de poder alcanzar metas sin dejar de ser humildes; es decir, seguir siendo las mismas personas del principio al final.

Si el hombre cae en soberbia y altivez de espíritu el resultado es quebrantamiento y caída.

- *Quebrantamiento:* viene del griego atheteo y se traduce como 'quitar lo que ha sido establecido'; es hacer atheton, que es todo lo contrario de tithemi, 'colocar'; es invalidar, remover una estructura. El quebrantado por castigo perderá todo lo que ha construido con trabajo y esfuerzo, porque su construcción fue bajo un espíritu que ya no lo domina. Si lo que hizo lo hizo bajo una estructura de amor y espiritualidad y luego de que lo logró, rompe la estructura del fundamento, él mismo estará destruyendo lo que construyó. Debes entender que de Dios salió el decreto que bendijo a ese hombre, y de Dios saldrá el decreto que lo quebrantará.

- Caída: la palabra caer viene del griego ekpipto y se traduce como 'caerse fuera de'. Estas palabras pueden significar que caer es 'sacar a alguien del propósito'. Desde el contexto médico, caer es un acontecimiento que viene como resultado de precipitar a alguien hacia el suelo en contra de su voluntad. La caída puede ser involuntaria. No es lo mismo decir: "se arrojó al piso", que "cayó al piso". Por eso el texto hace referencia a alguien que ha sido sacado del propósito; nadie quiere caer, pero a veces somos tirados al piso por nosotros mismos (ego, arrogancia, rebeldía y orgullo).

1 Pedro 1:24 Toda carne es como hierba, y toda la gloria del hombre como flor de la hierba.

La hierba se seca, y la flor se cae.

¿Por qué se cae la flor? Isaías 40:7 dice: porque el viento de Jehová sopló en ella. ¿Qué está diciendo la palabra de Dios? Lo que nos está confirmando es que si no tienes la capacidad de controlar la gloria que produce el éxito, si no eres lo suficientemente inteligente para dar a Dios gracias y ser lo suficientemente humilde para asimilar que tú sin Dios eres nada, y que estás para servir a quienes te rodean, el mismo que te levantó soplará contra ti y "tu flor CAERÁ". Caer también hace referencia a un barco que está fuera de control o un viajero que está perdido. La caída conlleva en sí fracaso, al igual que levantarse conlleva en si restitución.

Un principio que el Espíritu Santo me ministró es que, así como el enemigo crea toda una estructura para hacerte caer, así mismo el Espíritu Santo crea en ti una estructura y te da las herramientas necesarias para que no caigas.

Efesios 6:13 Por tanto, tomad toda la armadura de Dios, para que podáis resistir en el día malo, y habiendo acabado todo, estar firmes.

Ahora bien, la caída no es simplemente perder los bienes; la caída implica ser entregado a los tres pilares malignos que sostienen el mundo: el hedonismo (pecados sexuales), el autoritarismo (pecados de ira y poder) y el materialismo (pecados financieros).

PRIMER TIPO DE CAÍDA

Hablemos de la caída en pecados sexuales: Es inteligente el que conoce y entiende a Dios, también es inteligente el que se conoce y se entiende a sí mismo.

La Biblia dice:

> *Jeremías 9: 23-24 Así dijo Jehová: No se alabe el sabio en su sabiduría, ni en su valentía se alabe el valiente, ni el rico se alabe en sus riquezas. Mas alábese en esto el que se hubiere de alabar: en entenderme y conocerme...*

Quien conoce y entiende a Dios también se conocerá y se entenderá a sí mismo, y sabrá cómo utilizar sus virtudes para honrar a Dios y cómo dominar sus defectos para no fallarle. Ahora bien, el hombre que conoce y entiende a Dios debe tener muy en cuenta que Dios aborrece los pecados sexuales, y que la Biblia dice:

> *Hebreos 13:4 Honroso sea en todos el matrimonio, y el lecho sin mancilla; pero a los fornicarios y a los adúlteros los juzgará Dios.*

En pocas palabras, los pecados sexuales provocan la ira de Dios; por lo tanto, quien conoce y entiende a Dios, debería también conocer y entender su sexualidad, porque se ha descubierto históricamente que la naturaleza del hombre es vulnerable a las tentaciones sexuales.

Surge una pregunta: ¿Qué tan peligroso puede ser el efecto de una tentación para una persona? Lo primero que quiero que entiendas es que todos seremos tentados y que por desagradable que parezca debes estar preparado para responder a Satanás cuando te diga:

"Convierte la piedra en pan, échate o adórame". Tal vez tengas la necesidad del pan, pero debes pensar bien: ¿Cuánto te costará ese bocado de pan? Es ahí donde satisfacer un deseo a cambio de una necesidad puede costarte todo lo que has alcanzado hasta ahora; si es tentación su propósito es que pierdas algo que cuesta mucho más que ella. De ahí es que la palabra tentación viene del griego peirasmo, que se traduce como 'prueba'. Hay otra palabra para tentación y es apeirasto, que se traduce como 'no tentado' y hace referencia a alguien que no puede ser tentado, pero este estado es simplemente alcanzado por alguien que carece de iniquidad, concupiscencia, curiosidad. Los dos elementos básicos de una tentación son el deseo y la debilidad. Adán y Eva cayeron por deseo de conocer; no tenían iniquidad, ni concupiscencia, pero tenían curiosidad, y este elemento fue el que utilizó el tentador para arrastrarlos al piso.

Santiago 1:13 Cuando alguno es tentado, no diga que es tentado de parte de Dios; porque Dios no puede ser tentado por el mal, ni él tienta a nadie.

Es evidente que somos tentados por el mal, pero no es el mal lo que pone la fuente de la tentación: esta ya está en nosotros. En otras palabras, si tienes sed "puedes ser tentado con agua". Jesús tuvo hambre y Satanás lo tentó con pan. Las tentaciones se manifiestan dependiendo de la necesidad del hombre; por eso pueden ser vistas en dos dimensiones:

1. Una prueba permitida por Dios, "con propósitos específicos". En Hechos 20:19, Pablo dice: "He servido

al Señor con toda humildad y con muchas lágrimas y pruebas que me han venido por las asechanzas de los judíos". Las tentaciones no son provocadas por Dios "pero sí permitidas"; es decir, cada tentación pasa por la evaluación divina antes de ser aprobada contra un hijo de Dios. Es decir, no puedes ser tentado bajo ilegalidad; por eso en cada tentación hay una guerra entre el bien y el mal: el bien busca tu crecimiento, el mal tu destrucción.

> *1 Corintios 10:13 No os ha sobrevenido ninguna tentación que no sea humana; pero fiel es Dios, que no os dejará ser tentados más de lo que podéis resistir, sino que dará también juntamente con la tentación la salida, para que podáis soportar.*

En otras palabras, lo que Pablo está diciendo es que con lo que Satanás te tienta, Dios te prueba y en algunas ocasiones con lo que Dios te prueba Satanás procura tentarte. ¿Cómo separas la prueba de la tentación? Fácil: las pruebas te acercarán a Dios, las tentaciones te alejarán de Dios. Si soportas la tentación, Dios se acercará más a ti; si fallas en la prueba, tú te alejarás más de Dios.

2. Las tentaciones pueden ser vistas como un ataque de las tinieblas para derribar a aquellos que representan una AMENAZA al reino del mal. Si es así y logras identificarla como tal, debes enfrentarla de tres maneras:

- Soportándolas: Santiago 1:12 *Bienaventurado el varón que soporta la tentación; porque cuando haya resistido la prueba recibirá la corona de vida.* Definitivamente hay tentaciones qué hay que enfrentarlas, porque se dan en ambientes de los que el hombre no puede huir y con personas de las cuales el propósito divino te impide renunciar a ellas. Simplemente hay que soportarlas y degradarlas a un nivel donde dejen de ser tentaciones.

- Siendo librados: 2Ped. 2:9 *Sabe el Señor librar de tentación a los piadosos, y reservar a los injustos para ser castigados en el día del juicio.* Hay tentaciones tan fuertes que se hace necesario que la mano de Dios intervenga para librar a ese hombre y esa mujer, pues se han unido elementos muy fuertes e intensos para destruirlo y solo una intervención divina puede romper el mal. Esta intervención tiene múltiples maneras, y una de ellas es la insistencia de personas alrededor del que está siendo tentado, luchando insistentemente para alejarlo del mal que puede destruirlos, y en otros casos situaciones divinas inexplicables que se manifestaron como una señal de que Dios no permitirá esa caída.

- Huyendo de ellas: 2Timoteo 2:22 Huye también de las pasiones juveniles. ¿Qué son pasiones juveniles? Son instintos carnales que se manifiestan a través del deseo de los ojos y los deseos de la carne. Estas pasiones son juveniles porque comienzan en la juventud, pero se pueden manifestar aun en la vejez. De esas pasiones hay que huir. Lo que Pablo está diciendo es: No te expongas a ambientes, situaciones donde se activen en ti deseos inapropiados.

Causas de las tentaciones

1. Descontento... puede ser familiar, ministerial, in-

satisfacción personal.

2. Aislamiento: no tener amigos, lidiar con las presiones del ministerio solos, sin tener "un amigo que te escuche"; a quien puedas hablarle de tus disgustos, sufrimientos, tristezas, luchas, etc.

3. Otra causa es el efecto "TRANSFERENCIA": Se ha definido la transferencia como el proceso por el cual las personas proyectan sus propias necesidades en el proceso de consejería. El que aconseja puede recibir una transferencia del aconsejado, pero el problema se puede tornar grande cuando en respuesta a la trasferencia se activa la "CONTRATRANSFERENCIA", que es cuando el consejero le comunica a su aconsejado: "Estoy sufriendo la misma situación que tú". Esta es la tendencia del ministro de proyectar sus necesidades insatisfechas en alguien más que puede contribuir a motivar sentimientos sexuales; es la situación más peligrosa que se puede dar en la relación cliente-profesional y es el canal principal para el efecto de "ligadura de alma".

4. "Ligadura de alma": Es simplemente el conjunto de situaciones que se dan entre personas que sienten atracción una con la otra, y que por alguna razón además se sienten identificadas entre sí por situaciones subyacentes. El problema es que la relación no es apropiada porque ambos tienen sus compromisos. La Biblia presenta evidencia de este afecto:

Génesis 34:1 Salió Dina la hija de Lea, la cual esta había dado a luz a Jacob, a ver a las hijas del país. 2 Y la vio Siquem hijo de Hamor Heveo, príncipe de aquella tierra, y la tomó, y se acostó con ella, y la deshonró. 3 Pero su alma se apegó a Dina la hija de Lea, y se enamoró de la joven, y habló al corazón de ella. 4 Y habló Siquem a Hamor su padre, diciendo: Tómame por mujer a esta joven.

La ligadura de alma es el estado provocado por una acción que ha conectado a dos personas en un nivel de dependencia donde para ellos es imposible estar el uno sin el otro, aunque no deberían estar juntos. A veces el efecto es unilateral y solo se da de un lado; en este caso la persona se puede volver tan intensa que su sentimiento se puede transformar en obsesión.

Los vínculos no son malos. Dependiendo de la legalidad, existen muchos vínculos legales. En nuestro enfoque te puedo mencionar tres.

1. Vínculo matrimonial.

2. Vínculos maternos o paternos.

3. Vínculos de amistad.

Pero si el vínculo se da con ilegalidad, o el vínculo que debes tener con tus hijos o con tu pareja lo tienes con otra persona, entonces el vínculo puede ser perjudicial, simplemente porque estas sustituyendo una acción legal (los tuyos) por una acción ilegal (alguien fuera dc csc círculo).

¿Cómo se construyen las ligaduras del alma?

Cuando confías en una persona y le abres o revelas todo lo que hay en tu corazón, no sientes temor de que esa persona sepa todo de ti: virtudes, defectos, necesidades, traumas... En ese momento se ha construido un lazo emocional, y esto es muy peligroso, si se activa sobre una persona equivocada; por ejemplo, en el caso de Sansón con Dalila, el vínculo fue tan fuerte que llevó a Sansón a abrirle su corazón a Dalila, razón por la que le reveló su secreto más importante y esa fue la causa de su fracaso.

Por esto el adulterio tiene tres dimensiones:

1. Mirar

2. Codiciar

3. Consumar el acto

Jesús dijo que Cualquiera que mira una mujer y la codicia ha adulterado con ella en su corazón; esto es cruzar una línea que no se debería, pero lo próximo es la consumación del acto y es ahí donde los pecados son juzgados por los de afuera.

Por esto el consejo de Pablo es: *(1 Tesalonicenses 5:22) Absteneos de toda especie de mal.*

Debes activar los niveles de inteligencia emocional para cuidarte de la caída en pecados sexuales. Si sabes que tienes alguna inclinación, si sabes que portas alguna debilidad, simplemente ¡cuídate! Si tienes que huir, huye. A veces solo los valientes corren: José huyó de la esposa de Potifar; David no supo cómo huir de la esposa de Urías Heteo, se ligó a ella desde que la vio y le fue más fácil usar su poder para pecar que usarlo para correr. Entiende esta verdad: todo el que comete **pecados sexuales terminara dañando a todos los que** están a su alrededor:

1. Su pareja.

2. Sus hijos.

3. Su relación con Dios.

4. Al compañero de caída

5. Su ministerio.

6. Su propia alma.

> *Proverbios 6:32 Mas el que comete adulterio es falto de entendimiento; corrompe su alma el que tal hace. 33 Heridas y vergüenza hallará, y su afrenta nunca será borrada.*

Alguien me preguntó: ¿Cuál es la razón por la cual las personas cometen adulterio? La biología de todas las mujeres o los hombres es simétrica, es decir, se supone que todas las mujeres tienen su encanto al igual que todos los hombres, pero ¿qué hace que un hombre quiera estar con otra mujer a pesar de tener la suya? ¿Y qué hace que una mujer se sienta tentada a estar con otro hombre a pesar de tener el suyo? La respuesta es simple: se llama inclinación a lo prohibido. La naturaleza caída de los seres humanos siente una atracción muy grande hacia lo prohibido a tal nivel que lo prohibido puede generar un inmenso placer.

Por eso la Biblia dice:

> *Proverbios 9:17 Las aguas hurtadas son dulces, y el pan comido en oculto es sabroso. 18 Y no saben que allí están los muertos; que sus convidados están en lo profundo del Seol.*

La pregunta sería: ¿Por qué las aguas hurtadas son dulces? ¿No es agua igual que las demás aguas?

¿Por qué el pan comido en oculto es sabroso? ¿No es igual que el pan que te comes en la mesa de tu casa? La respuesta es "sí", es igual, pero no es lo mismo, porque lo ilegal activa el placer del pecado original; "regresa tu alma al Edén", donde cayeron Adán y Eva. No obstante, de igual manera se activa la consecuencia de lo prohibido que es "juicio".

El texto dice: Ellos no saben que allí están los muertos. ¿Dónde? En el lugar donde las aguas hurtadas son dulces y el pan secreto es sabroso, es el lugar donde están los muertos, y todos los que fueron convidados que bebieron y comieron están en lo profundo del Seol. Te aseguro que allí el agua no es tan dulce y el pan no es tan sabroso…

¿Cómo vencer este efecto?

Sencillo: siempre tendremos deseo de beber aguas hurtadas y comer pan secreto, pero deseo no es pecado; deseo es simplemente deseo, así que cuando venga el deseo hay un método para no ceder a él y se llama "autocontrol", que se desprende de "inteligencia emocional".

¿Qué es autocontrol? Es tener dominio de sí mismo. En las Escritura se llama *"DOMINIO PROPIO"*, que es fruto de Espíritu Santo y va acompañado de "poder y amor".

- Poder: es la autoridad contra el mal.

- Amor: es tener definido a quién pertenece mi corazón: a Dios, a su obra, a mi familia.

Por lo tanto, dominio propio es la consecuencia de saber que tengo autoridad y tener muy definido a quién amo y a quién le fallaría si como ese pan y bebo esas aguas.

EL DOMINIO PROPIO ES LA VERDADERA INTELIGENCIA EMOCIONAL

La ausencia de dominio propio es la fuente del fracaso. Puedes ser inteligente, versado, espiritual, tener cualidades extraordinarias de liderazgo; y si no puedes controlarte en los momentos de tentación simplemente fracasarás. Esta es la razón por la que debemos renunciar a ser personas asmáticas, y procurar en cuanto dependa de nosotros ser personales intencionales; es decir, estar programados para hacer simplemente lo que hay que hacer: si es huir, si es enfrentar, si es confrontar, si es decidir; tener control y no dejar que sean nuestras emociones las que controlen.

LUEGO ENTIENDE: Hay un principio muy poderoso que revela lo siguiente: "La ilegalidad provoca juicios". Esas aguas dulces y ese pan sabroso tienen el poder de llevar a quien come y bebe de ellos al mismo SEOL, el lugar de los muertos. Tienes que asumir que lo que es ilegal no te pertenece; no lo codicies, no lo abraces. Simplemente, no quieras lo que no es tuyo.

Última herramienta

La última herramienta que debes saber utilizar se desprende del dominio propio, se llama "DECISIONES" tú decides, las tentaciones son fuerzas externas, no pueden obligarnos, nosotros tenemos el poder interno, somos quienes decidimos renunciar a ellas o aceptarlas. Cuando quieras comer pan secreto o beber aguas hurtadas recuerda en ese momento que esos deseos están ahí para probarte para que le digas que no y ejercites tu fuerza de voluntad y así te conviertas en una persona que tiene control de sí misma porque tienes inteligencia emocional.

SEGUNDO TIPO DE CAÍDA

Hablemos de la caída en pecados de ira:

> *Santiago 1:19 Por esto, mis amados hermanos, todo hombre sea pronto para oír, tardo para hablar, tardo para airarse; 20 porque la ira del hombre no obra la justicia de Dios.*

La ira provoca la vergüenza propia y de los demás. Está prohibido según el pensamiento judío que las personas humillen a su prójimo en público. Jesús dijo: Si tu hermano peca contra ti, llámalo estando solos; pero la ira no espera, la ira atacará a las personas y las humillará públicamente sin ningún tipo de consideración; es por eso que la ira también es vista como un pecado de idolatría, ya que las personas enojadas están santificando su propia voluntad, y no permitirán que esta sea afectada. Esto hace que desde el pensamiento de los antiguos, la ira haya sido vista como un pecado de idolatría, porque entra en la línea de la "egolatría" o el "egocentrismo".

No obstante, también es cierto lo que dice la Biblia: "Airaos, pero no pequéis". Indica que es imposible que no nos enojemos; pero si tenemos control de nuestras emociones, la ira no nos lleva a pecar, y entonces venceremos sobre ella. Ahora bien, si perdiste el control y por la ira ofendiste o maltrataste a tu prójimo, la Biblia te llama al arrepentimiento; este se pone de manifiesto ante la simple acción de pedir perdón:

1. A Dios por violar su palabra.

2. A tu prójimo por ofenderlo.

3. A las personas que fueron testigos de tu explosión porque ellos no son los culpables.

Cuando lo haces y vences el efecto de la ira, tu estado postrero será superior al primero, por esto es muy importante tener control de las emociones antes de que se vuelvan sentimientos de frustración, cuando un hombre logra dominarse a sí mismo, está demostrando que ha elevado sus niveles de espiritualidad y que definitivamente está creciendo en el Señor.

TERCER TIPO DE CAÍDA

Hablemos de la caída en pecados financieros:

Caer en pecados financieros es un delito espiritual que muchos no toman en cuenta, pero los pecados financieros son tan peligrosos como los pecados sexuales; todo se relaciona con la naturaleza original del hombre. Me explico: el hombre fue creado para administrar.

La Biblia dice:

Génesis 2:15 Tomó, pues, Jehová Dios al hombre, y lo puso en el huerto de Edén, para que lo labrara y lo guardase. 16 Y mandó Jehová Dios al hombre, diciendo: De todo árbol del huerto podrás comer; 17 más del árbol de la ciencia del bien y del mal no comerás; porque el día que de él comieres, ciertamente morirás.

El hombre fue creado para dar gloria a Dios, y una de las herramientas a través de las cuales el hombre glorifica a Dios, es por medio de la buena administración, es decir, la "mayordomía". Por definición, un mayordomo es alguien que administra los asuntos de otro; el mayordomo no es dueño de lo que administra, pero lo que administra le ha sido confiado. En este caso administramos:

1. El tiempo

2. La vida

3. La familia

4. La visión

5. El ministerio

6. Los recursos financieros, etc.

Lo que sucede es que el hombre fue diseñado para administrarlo todo; porque de alguna manera todo lo que nos ha sido entregado está conectado. Por lo tanto, no administrar bien un área con seguridad afectará otras. Me explico: el tiempo se relaciona con la vida y la vida con la familia, la visión, el ministerio y las finanzas; si administro mal cualquiera de ellos, los demás sufrirán. Si administro mal el tiempo, destruyo mi vida y todo lo demás; si administro mal los recursos financieros, no estoy valorando la vida que invierto para obtenerlos y afectaré a la familia y todo lo demás, etc.

A partir de esta verdad es que toma sentido el concepto "pecados financieros". Un pecado financiero es simplemente la acción o inacción que afecta el propósito por el cual se nos confió el dinero. No olvides que somos mayordomos y que los pecados financieros se conectan con cómo nos manejamos.

Específicamente existen tres situaciones ante las cuales la gran mayoría de las personas debemos pasar y demostrar buena mayordomía: la escasez, la medida justa y la abundancia.

1. La *escasez:* es simplemente la ausencia de los recursos básicos para sobrevivir con dignidad. La escasez forma parte del principio de la mayoría de los hombres luego de la caída de Adán. Vivir en escasez no es una condición pecaminosa; es más bien la oportunidad de quebrantar ese sistema por medio de la obediencia y el sometimiento a la palabra de Dios, es vivir y dar gracias a Dios por lo poco que tenemos; si es pan y agua, comamos pan y agua y adoremos a Dios; trabajemos y preparémonos porque un día saldremos de esa crisis.

Salmos 34:19 Muchas son las aflicciones del justo, pero de todas ellas le librará Jehová.

El texto original dice: "Pero EN TODAS ELLAS le librará Jehová". Es decir Dios no te librará de todas las aflicciones; hay aflicciones que tendrás que pasar. Puede ser que hayas pasado o estés pasando por escasez, pero la promesa bíblica establece que "en todas esas aflicciones" Dios te librará. Si necesitas un milagro para salir, espera tu milagro; pero nunca te rindas, espera a Dios y Él vendrá en tu auxilio. David dijo (Salmos 40:1): pacientemente espere "A JEHOVÁ" y se inclinó a mí. Eso es lo único que debes hacer en procesos donde la solución no está en tus manos: confía y espera a Dios.

2. *La medida justa*: en este nivel el hombre recibe lo necesario para vivir. Si se administra bien no tendrá que recurrir a los acreedores, no tendrá que valerse de los prestamistas y dejar su sustento en manos de ellos.

Proverbios 22:7 El rico se enseñorea de los pobres, y el que toma prestado es siervo del que presta.

Si te acostumbras a cubrir la parte del presupuesto que falta con deudas, y no te ajustas a la medida de la provisión que Dios te ha dado, tendrás que dar tu pan y el pan de tu familia a los prestamistas y este error te costará la bendición de la abundancia divina.

3. *La abundancia:* cuando aprendes a administrar lo que Dios ha puesto en tus manos, y entiendes la asignación del dinero que te llega a las manos, sabes lo que se debe invertir, lo que debes guardar, lo que se debe devolver, lo que se debe sembrar. Este nivel de administración despierta el nivel de la sobreabundancia, que es cuando los recursos son más que suficientes y el mañana financiero no es una preocupación ni una carga.

Para poder cubrir estas áreas, debes entender qué es el dinero. El dinero no es un señor, no es un dios, no es alguien; es algo y así debes tratarlo. El dinero no se ama; se ama el propósito de Dios, se ama a la familia, se ama a las personas; pero al dinero no. ¿Por qué? Porque el amor tiene el poder de dar vida a lo que se ama; por eso el amor no es una emoción, sino un sentimiento. Ya trabajamos el tema de los sentimientos en capítulos pasados: el sentimiento es más fuerte que la emoción, y amar es un sentimiento del cual la Biblia dice "es fuerte como la muerte" (Cantares 8:6). Por lo tanto, cuando amamos el dinero lo estamos convirtiendo, de algo a alguien, de un objeto a un dios, y es ahí donde el dinero se convierte en "mamón".

Mateo 6:24 Ninguno puede servir a dos señores; porque o aborrecerá al uno y amará al otro, o estimará al uno y menospreciará al otro. No podéis servir a Dios y a las riquezas.

Es en este pasaje donde nace la palabra hebrea mamón que en su contexto original es "matmón" o "matmún". Se le llamaba así al almacén o bodega secreta donde se escondía el dinero, los tesoros, y era señal de avaricia, tacañería, codicia que convertía el depósito de "mamón" en un altar de idolatría y a sus riquezas en un dios, cuyo amor se constituye en la raíz de todos los males. El propósito de mamón es romper el propósito del dinero. ¿Te has preguntado cuál es el propósito del dinero? El dinero existe para fortalecer relaciones. Si manejas bien el dinero, tendrás una buena relación con Dios; si manejas bien el dinero, tendrás una buena relación con tu familia y tendrás una buena relación con tu prójimo; pero hay personas que mejor rompen relaciones por amor al dinero y esto es una gran falta.

Hablemos de dinero: ¿Cuál es el valor del dinero? En verdad creo que lo que da valor al dinero es el esfuerzo que hacemos para conseguirlo. Por eso se enseña que para Dios las ofrendas tiene una dualidad, es decir, una doble manifestación; una parte visible y una invisible; una que se relaciona con lo natural y otra con lo espiritual. Por eso cuando presentamos nuestras ofrendas delante del Señor, Dios recibe dos manifestaciones. Sin embargo, bíblicamente Dios entrega la parte tangible a sus administradores, los que administran su dinero, pero hay una parte que es considerada como un sacrificio exclusivo para Dios.

Veamos:

> **N*úmeros 18:21 Y he aquí yo he dado a los hijos de Leví todos los diezmos en Israel por heredad, por su ministerio, por cuanto ellos sirven en el ministerio del tabernáculo de reunión.***

Dios dice: he dado a los hijos de Levi; está haciendo referencia a sus administradores, sus sacerdotes. ¿Qué ha dado Dios? Todos los diezmos de Israel, es decir, del pueblo. En otras palabras, el pueblo lleva sus diezmos y ofrendas a Dios en el altar; Dios los recibe, pero quien administra es Levi, los sacerdotes (el pueblo no está ofrendando a Levi, el pueblo está llevando su sacrificio a Dios, pero Dios entrega los diezmos y ofrendas del pueblo a Levi para que los administre). Sin embargo, Dios se queda con una parte: la intangible; es decir, Dios se queda con el espíritu de esa ofrenda, que está representada en el esfuerzo que costó conseguirla. Es que cada persona que llevó su diezmo u ofrenda al altar trabajo por ello, invirtió tiempo; el tiempo es vida, esfuerzo, energía, y ese tiempo invertido produjo los bienes que son llevados al altar. Ese esfuerzo es lo que se representa en el dinero depositado; por eso cuando alguien lleva una ofrenda al altar, "Dios no está viendo dinero"; Dios está viendo la vida que se invirtió para producir ese dinero. Por eso cuando Dios bendice a una persona, la bendición de Dios es más que el dinero que las personas llevan al altar: Dios les da multiplicado lo que ellos invirtieron para honrarle: "VIDA, TIEMPO, FUERZA". Por eso los diezmos, las ofrendas y los sacrificios hablan de "REDENCION".

Éxodo 38: 25-26 Y la plata de los empadronados de la congregación fue cien talentos y mil setecientos setenta y cinco siclos, según el siclo del santuario; medio siclo por cabeza, según el siclo del santuario; a todos los que pasaron por el censo, de edad de veinte años arriba, que fueron seiscientos tres mil quinientos cincuenta.

Ahora, en el texto hebreo de Éxodo 38:26 está escrito de esta manera: "beka le- gulgolet", que significa "una beka por cráneo". Ahora bien, de la palabra gulgolet viene la palabra Gólgota que tiene referencia en: Juan 19:17: "Tomaron, pues, a Jesús, y Él salió cargando su madero al sitio llamado el Lugar de la Calavera, que en hebreo se dice Gólgota" (LBLA revisada). Así que la frase beka le- gulgolet podría ser traducida como "una beka para/por Gólgota" o "uno quebrado a Gólgota".

La interpretación de este pasaje es muy poderosa,

porque nos revela la manera en la que Dios ordenaba a su pueblo que ofrendaran dinero en el templo, como señal de redención para sus familias. Lo que Dios está diciendo es que la redención no está completa si solo participa Dios; el hombre tiene su cuota y la cuota de la redención debe ser una inversión de algo que represente la misma vida del hombre: tiempo, esfuerzo, valor; es decir, dinero. Así que los hombres que no quieren aportar dinero por causa del Reino de Dios simplemente están rechazando la redención. Es ahí donde la idea del medio siclo era considerado el precio del rescate para que los primogénitos de Israel fueran librados de los ataques que implicaban su primogenitura, y este precio debían pagarlo los padres. Interpretativamente se ha dicho que Dios demando medio siclo desde la tierra por cabeza de hombre porque el pondría el otro medio siclo desde el cielo.

Sin Dios eres medio hombre o media mujer. En otras palabras, quienes no están dispuestos a esforzarse por la obra de Dios, no están completos: son hombres mediocres, cristianos mediocres. No están completos: simplemente son la mitad, son lo que Dios puso y de ellos nada.

El dinero tiene su historia. La historia del dinero no comienza en la edad media, como muchos suponen. La historia del dinero debe remontarse desde las primeras civilizaciones, en la línea mesopotámica. Según la visión dispensacionalista, la historia humana tiene siete dispensaciones: inocencia, conciencia, gobierno humano, promesa, ley, gracia y reino. Según la visión dispensacionalista, existe una dispensación en la que los hombres comenzaron a señorearse, los hombres de los hombres, a saber gobierno humano. Esto obligó a los hombres dominantes a establecer sistemas de gobiernos jerárquicos que les permitieran tener control de sus territorios. Las Escrituras presentan a Nimrod como el primer poderoso de la tierra y el comienzo de su reino Babel.

Si en este tiempo existía el concepto de reino, también debió haber existido la idea de comercio. De ahí la sorpresa arqueológica, cuando se estudian a los sumerios y a los pueblos que existieron en la cuna de la civilización, al encontrar hallazgos que revelan que esas civilizaciones practicaron el trueque, es decir, el intercambio; y algunos creen que ya existían las monedas como unidad financiera. Bueno, la Biblia dice que en los días de Abraham "el dinero se pesaba".

Génesis 23:16 Entonces Abraham se convino con Efrón, y pesó Abraham a Efrón el dinero que dijo, en presencia de los hijos de Het, cuatrocientos siclos de plata, de buena ley entre mercaderes.

Se ha llegado a la conclusión de que desde la antigua Mesopotamia muchos pueblos crearon sistemas monetarios y utilizaron monedas de plata, oro, etc. Sin embargo, el concepto de dinero como tal no surgió sino en la civilización romana. El concepto nace a partir de una moneda que se llamaba denario, cuyo nombre fue evolucionando de civilización a civilización a tal punto que cuando se habla de dinero hoy era lo mismo que

decir denario en la cultura romana. Este tiene hoy día diferentes manifestaciones: dinero efectivo, plástico, dinero negro, dinero orgánico e inorgánico, etc.

En nuestras culturas el dinero se valora por un efecto que se llama unidad contable. ¿Qué es una unidad contable? Cuando un bien es utilizado con frecuencia para medir y comparar el valor de otro bien, y cuando ese bien se puede utilizar como deuda, entonces ese bien es una unidad contable:

Al principio la unidad contable se enlaza con bienes que se intercambiaban, como frutas, huevos, animales; pero como esos elementos se deterioraban, surgieron las monedas como unidad contable: monedas de plata, oro, bronce, etc. Entonces, dependiendo del valor de la moneda, así se le daba valor a los bienes de compra y venta, etc. Judas vendió a Jesús por treinta piezas de plata, que era el precio que se pagaba por un esclavo; así valoraron a Jesús sus enemigos.

Sin embargo, ya en la edad media, era muy peligroso andar con mucho oro, o plata y era difícil para los que tenían grandes riquezas poder guardar su dinero, y surgió el sistema bancario, que simplemente fue utilizado por personas que tenían mucho oro y crearon sus almacenes (mamón) para guardar su oro. Si una persona les alquilaba el almacén, ese oro que se guardaba era garantizado con un certificado que indicaba su valor escrito y sellado, pero ese certificado se podía utilizar para comprar, ya que todo el que lo veía sabía que estaba representado por oro en las bodegas de los más adinerados de la ciudad.

Así surge el billete, que es un papel certificado por un banco y que tiene valor en oro. Por ejemplo, antes en República Dominicana el billete terminaba diciendo oro (100 pesos oro), indicando que ese dinero tenía un valor garantizado en oro en las reservas federales. Sin embargo, el término oro se quitó cuando el dinero imprimido superaba al oro guardado. El punto es que ese dinero tiene su historia y precisamente en la historia del dinero se ha revelado lo que muchos hombres son capaces de hacer para obtenerlo.

El consejo bíblico es "No ames al dinero":

1 Timoteo 6:9-10 Porque los que quieren enriquecerse caen en tentación y lazo, y en muchas codicias necias y dañosas, que hunden a los hombres en destrucción y perdición; porque raíz de todos los males es el amor al dinero, el cual codiciando algunos, se extraviaron de la fe, y fueron traspasados de muchos dolores.

Cuando amas el dinero, aunque lo tengas estarás en miseria. Tener dinero no te hace próspero; te hace próspero entender el propósito de lo que tienes y el lugar que ocupas. Por eso muchas personas con dinero están en "miseria". La palabra miseria no significa nada bueno. Una de las palabras hebreas que define este concepto es kjoshék, que se traduce 'oscuridad, tenebroso', e indica que la miseria es resultado de la ignorancia. No es lo mismo ser pobre que miserable: el pobre se puede levantar de su condición, pero el miserable nunca dejará de serlo, aunque consiga dinero. La miseria es una mentalidad y la pobreza es una condición. Evidentemente,

la miseria tiene dos dimensiones: la primera es la que va tomada de la mano con la pobreza, y la segunda es la que resulta de la ignorancia provocada por la ausencia de temor de Dios.

> *Salmos 107:41 Levanta de la miseria al pobre, y hace multiplicar las familias como rebaños de ovejas.*

Esto nos revela un principio: Antes de que nuestra situación cambie, nosotros debemos cambiar, y si cambiamos hacia Dios, Él nos levantará.

> *3 Juan 2 Amado, yo deseo que tú seas prosperado en todas las cosas, y que tengas salud, así como prospera tu alma…*

Juan dice: No estoy orando para que te conformes en tu situación, sino para que seas prosperado en todas las cosas. La palabra prosperar viene del hebreo tsaleaj, que se traduce 'triunfar, tener éxito'; pero este éxito debe ser a la par de tu salud espiritual, e incluso emocional. El deseo de Juan es: "prospera como prospera tu alma". Por eso debes invertir más tiempo en tu alma que en tus bienes. Esto nos revela otros principios: Lo que eres hoy no es el resultado de lo que hiciste hoy, sino de lo que hiciste ayer, y Lo que haces hoy es una profecía de lo que serás mañana. Si tu espíritu está vivo hoy, tus finanzas darán testimonio de ello mañana.

> *Filipenses 4:19 Mi Dios, pues, suplirá todo lo que os falta conforme a sus riquezas en gloria en Cristo Jesús.*

Dios suplirá todo lo que te falta, a su tiempo y no de

acuerdo con tu necesidad, sino de acuerdo a sus riquezas en gloria. Suplir es una palabra poderosa que viene de anapleroo y significa 'llenar hasta arriba'. Pablo está diciendo Dios te llenará hasta arriba de gloria. ¿Quién quiere más de ahí?

Por eso, hermano mío, trabaja la disciplina de hacer un presupuesto, desarrolla la capacidad de vivir dentro de ese presupuesto y el arte de equilibrar los gastos con los ingresos; no te endeudes si no es necesario, vive en la casa que puedes pagar; si no puedes comprar carro vete en taxi o a pie, y cuando puedas invertir en un vehículo cómpralo sin maltratar el presupuesto de la familia; si vas al restaurante pide de acuerdo con tu presupuesto. No compitas con nadie, pues ESO NO ES INTELIGENTE. Dios no te diseñó para competir ni para exhibir bienestar. Sé feliz, vive para Dios, tu familia y los tuyos; disfruta la vida que solo se tiene una y dependiendo de cómo la hayas vivido se te asignará un lugar en el reino del Todopoderoso.

La inteligencia que has recibido no es simplemente para que la gente diga "Qué inteligente es". La inteligencia que Dios te ha dado es para que la uses y lo honres por medio de ella. No caigas de la gracia, controla tus emociones, canaliza tus pensamientos, activa sentimientos productivos, vive tu vida y ayuda a vivir a otros. La alegría puede ser pasajera, pero la felicidad y el gozo pueden durar por siempre.

Bibliografía

Nueva Biblia de los Hispanos NBH

Nueva versión internacional NVI

Reina Valera 1960

Diccionarios

Diccionario Strong en español.

Diccionario de nombres Reina Valera 1909.

Diccionario de nombres bíblicos Hitchcock´s Español.

Nuevo diccionario bíblico Certeza.

Diccionario expositivo de palabras del Nuevo Testamento. W. E. Vine.

Diccionario de la lengua española. Real academia Española.

Pequeño Larousse.

Biografía

El pastor Franklin Antonio Pacheco es ministro con credenciales de la Iglesia de Dios en República Dominicana, actualmente exmiembro del Comité Ejecutivo. Es además psicólogo clínico egresado de la Universidad Nacional Evangélica en República Dominicana.

Es pastor juntamente con su esposa Laura de Pacheco de la Iglesia de Dios Casa de Fe y ambos dirigen el ministerio "Einsof", al cual están dedicados a tiempo completo, sirviendo al Señor principalmente en el área de la predicación, la enseñanza y la consejería.

Nota biográfica

No quiero cerrar esta biografía sin decir que las biografías humanas no son el recurso principal para la revelación. Es muy importante hacerse de un título, pero no lo es todo. Mi Dios sabe manifestarse de manera magistral sobre la ausencia de una licenciatura o un doctorado, o sobre la presencia de estas si se les da el lugar debido.

El poder de una biografía radica en que tiene la capacidad de influenciar a quienes buscan méritos humanos. Sin embargo, el poder de la humildad radica en que puede potencializar más allá de los méritos terrenales a quienes dependen incondicionalmente de la gracia divina.

Atentamente

FRANKLIN PACHECO